Feuilles d'immortalité

Par Swami Amritagitananda Puri

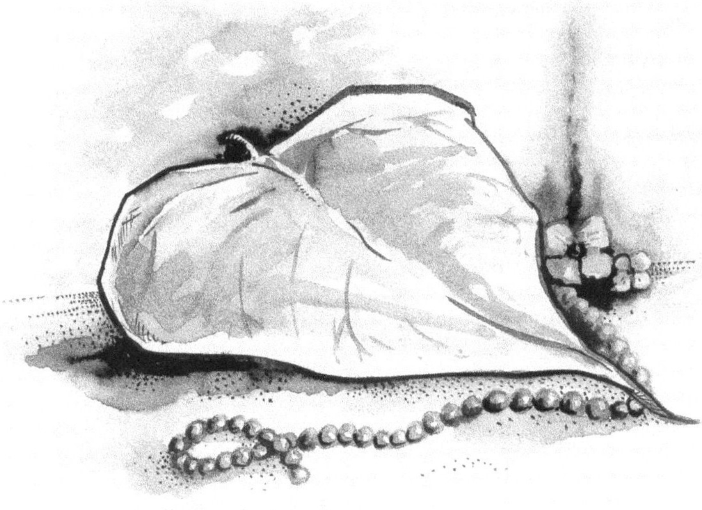

Feuilles d'immortalité
Par Swami Amritagitananda Puri

Publié par :
Mata Amritanandamayi Center
P.O. Box 613, San Ramon
CA 94583-0613
États-Unis

En France :
Ferme du Plessis
28190 Pontgouin
www.ammafrance.org

En Inde :
www.amritapuri.org
inform@amritapuri.org

Feuilles d'immortalité

Par Swami Amritagitananda Puri

Mata Amritanandamayi Center, San Ramon
California, Etats Unis

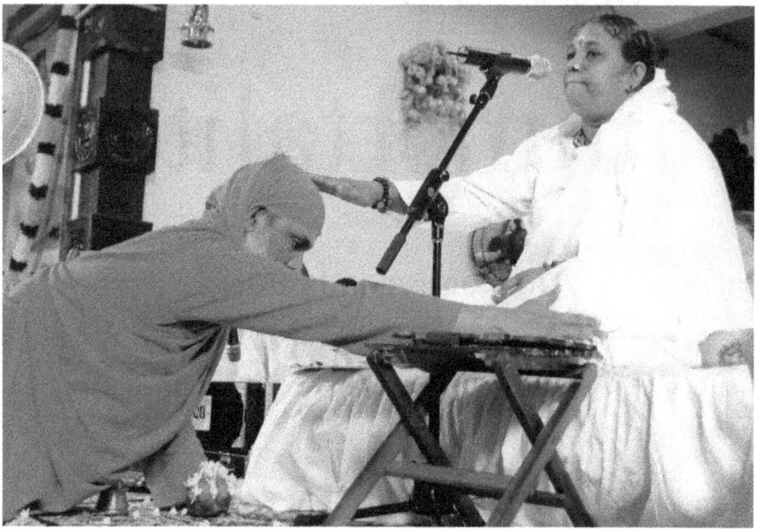

amṛtēṣvari pādam vandē

Prosternations aux pieds sacrés d'Amma

Table des Matières

Guide de la prononciation 8

Préface 11

Amṛta Cintanam 11

Le Maître Spirituel 14

Les cinq Gurus 15

Atom Jñāna et Ātma Jñāna 22

Les Bienheureux 26

Le Guru authentique 32

Guru Kṛpa 40

Le pouvoir spirituel 43

Effacer l'ego 51

Lumineux comme la pleine lune 52

La spécialiste du « Je » 58

Le Charmeur de serpent 60

La Meilleure Offrande 65

Le Guru Corbeau 68

Diriger avec humilité 71

Le Cygne divin 75

Cercles vertueux 79

Le travail d'un chercheur spirituel 86

Un Maître vivant 87

De la Vacuité à la Sainteté, et de la Sainteté à la Vacuité 92

De l'A.B.C. à l'I.P.S. 94
La véritable soif 101
Auprès d'une Paramahamsini 109
« L'illumination ? Ce n'est rien du tout pour moi ! » 116
Qui aime bien châtie bien 119
Le méditatif et l'actif 122

La demeure du Divin 128
Réminiscences 129
Toujours l'enfant d'Amma 136
A jamais l'enfant d'Amma, mais un enfant qui grandit en Sagesse 141
Comme des perles sur un fil 146
La grâce salvatrice 149
Là où est Amma, là se trouve Amritapuri. 155

Divines énigmes 161
Ammē Bhagavatī Nitya Kanyē Dēvī 162
Ōm vidyā-avidyā svarūpiṇyai namaḥ 165
Au-delà même des dualités 172
Śiva-śaktyaika-rūpiṇī 177
Elle est descendue sur Terre pour y ramener Sītā 181
Ardhanārīśvarī 184
Personne gentille ou bonne personne ? 189

De la Forme au Sans-forme 196
De Mūrti Pūjā à Kīrtī Pūjā 197
Chercher et trouver à l'intérieur 203
Vyōmavat Vyāpta Dēhāya 207
La Gardienne 211

Amṛtam Dēhi 214
Dr. Śyāmsundar, MBBS. 220

Quelques Enseignements 225
Enseignements de la Bhagavad Gītā 226
En retraite avec Amma 233
Ce que signifie être un Brāhmane 238
Expansion 244
Prenez Garde à la Colère 248
« Amma, puissent tous les êtres se montrer bons envers moi ! » 251
Nouvelle année, nouvelles oreilles ! 254

Postface 260
Amṛta Sūtram 260

Glossaire 265

A propos de l'auteur 285

Guide de la prononciation

Voyelles

a	comme	**a**	dans **a**rmoire
ā	comme	**a**	plus long
i	comme	**i**	dans **I**talie
ī	comme	**i**	plus long
u	comme	**ou**	dans ch**ou**x
ū	comme	**ou**	plus long
e	comme	**é**	dans donn**é**
ai	comme	**ai**	dans p**ai**lle
o	comme	**o**	dans **o**reille
		(**o** et **e** sont toujours longs en Sanskrit)	
au	comme	**ao**	dans cac**ao**
ṛ	comme	**r'**	dans **r'b**outeux

Les voyelles surmontées d'un trait sont longues, elles se prononcent comme celles indiquées plus haut mais durent deux fois plus longtemps.

Consonnes

k	comme	**k**	dans **k**ilogramme
kh	comme	**kh**	dans Ec**kh**art
g	comme	**g**	dans **g**arage
gh	comme	**gh**	dans di**g-h**ard
ṅ	comme	**n**	dans si**ng**

c	comme	**tch**	dans **ch**air
ch	comme	**tchh**	dans staun**ch-h**eart
j	comme	**dj**	dans **j**oy
jh	comme	**dge**	dans he**dge**hog
ñ	comme	**ny**	dans ca**ny**on
t	comme	**t**	dans **t**ube
th	comme	**th**	dans ligh**th**ouse
d	comme	**d**	dans **d**ouleur
dh	comme	**dh**	dans re**d-h**ot
n	comme	**n**	dans **n**avire
ṭ	comme	**t**	dans **t**ube
ṭh	comme	**th**	dans ligh**th**ouse
ḍ	comme	**d**	dans **d**ouleur
ḍh	comme	**dh**	dans re**d-h**ot
ṇ	comme	**n**	dans **n**avire
p	comme	**p**	dans **p**ain
ph	comme	**ph**	dans u**p-h**ill
b	comme	**b**	dans **b**ateau
bh	comme	**bh**	dans ru**b-h**ard
m	comme	**m**	dans **m**ère

ṁ	un son nasal comme dans bo**n**		
ḥ	prononcer **aḥ** comme **aha**, **iḥ** comme **ihi**,		
			uḥ comme **uhu**
ṣ	comme	**ch**	dans **ch**ose
ś	comme	**s**	dans **s**prechen
s	comme	**s**	dans **s**i
h	comme	**h**	dans **h**ot
y	comme	**y**	dans **y**oga
r	un **r** roulé dans **R**oma, Mad**r**id		
l	comme	**l**	dans **l**ibre
v	comme	**w**	dans **w**agon

Les consonnes qui ont un point en-dessous (ṭ, ṭh, ḍ, ḍh, ṇ, ṣ) sont des consonnes palatales, qui se prononcent avec le bout de la langue contre le palais.

Préface

Amṛta Cintanam

Des pluies inhabituellement fortes précédèrent l'arrivée d'Amma à Bangalore à l'occasion du Festival annuel du Temple Bramasthanam[1], en mars 2013. Ces violentes averses furent une bénédiction. Elles rafraîchirent l'air et rendirent le temps agréable. La terre demeura bien plaquée au sol ; la poussière cessa de voler en tous sens. Les arbres, auparavant recouverts de couches de poussière marron, retrouvèrent leur propreté et leur couleur verte.

C'est l'année où je commençai à rédiger la lettre d'information hebdomadaire 'Amṛta Cintanam', qui peut se traduire par 'Pensées Immortelles'. Cette lettre d'information avait pour vocation de refléter les enseignements d'Amma, initialement à l'intention des plus jeunes enfants d'Amma et de leurs parents. Certains incidents m'avaient fait comprendre que les enfants indiens, et même leurs parents, manquaient de bases solides concernant la culture indienne traditionnelle ou les Écritures.

Je fis donc des recherches dans divers ouvrages, incluant des textes d'introduction au Vēdānta et des livres traitant de l'histoire de l'Inde ancienne, ainsi que de sa situation actuelle,

---

[1] Littéralement, 'le lieu de Brahman (la Réalité Suprême)', nom des temples consacrés par Amma en divers lieux de l'Inde et sur l'île Maurice. Leur particularité consiste en la présence, dans le sanctuaire du temple, d'une idole à quatre faces symbolisant l'unité derrière la diversité des formes divines.

sociale, culturelle et spirituelle. Je rédigeais un article par semaine, que je diffusais par e-mail chaque samedi soir, afin que les dévôts d'Amma puissent le lire le dimanche. À mesure que je préparais ces textes, je me rendis compte que leur contenu serait non seulement utile aux Indiens ou à la jeunesse, mais à un éventail bien plus large de lecteurs.

Les enseignements d'Amma sont universels ; leur pouvoir d'attraction est par conséquent lui aussi universel. Ce sont des feuilles sur l'arbre éternellement vert de la spiritualité.

Un incident très pénible survint alors. Une conspiration éclata, visant à diffamer Amma et son *āśram* (monastère). Peu après que ces attaques aient été rendues publiques, Amma nous confia, lors d'un discours à Palakkad, dans le Kérala, « Mes enfants, Amma ne se nourrit qu'une fois par jour ! » Pour ses enfants, cette humble révélation fut douloureuse à entendre. Ceux d'entre nous qui ont vécu de nombreuses années auprès d'elle savent à quel point elle vit simplement, dans le constant sacrifice de soi ; sa frugalité en matière d'alimentation suffit à illustrer l'austérité de son existence.

Au début, j'eus le sentiment de ne pas pouvoir faire grand-chose pour contribuer à clarifier l'atmosphère. J'allai puiser du réconfort dans les paroles d'Amma. Pour moi, comme pour tous ses enfants dans le monde, ses enseignements sont un baume et un phare de lumière spirituelle, qui a le pouvoir de nous guider vers la Vérité. Inspiré par Amma, j'eus alors le sentiment que je devais continuer à écrire ces articles hebdomadaires, Amṛta Cintanam. A mon humble niveau, je souhaitais diffuser la lumière de ses enseignements à un nombre toujours croissant de personnes.

Le meilleur de nous-même se révèle lorsqu'il jaillit des profondeurs du cœur. Ceux qui ont composé des bhajans pour Amma en ont fait l'expérience – la production est meilleure lorsque l'esprit est libre de toute distraction, lorsque le cœur est empli d'Amma. C'est elle, alors, qui écrit, compose et chante à travers nous !

Quelques années se sont écoulées depuis que j'ai commencé à rédiger ces articles. En relisant mes écrits, j'ai été étonné. Je me considère comme une personne ordinaire. Comment quelqu'un comme moi avait-il pu coucher sur le papier ces pensées élevées ?

Soudain, j'ai pris conscience avec un frisson de bonheur que la pièce où je m'assois pour écrire ces articles – ma chambre au premier étage de *l'āśram* de Bangalore – est celle où, plus de deux heures durant, Amma a enregistré de nouveaux bhajans en 2013. Et la table à laquelle j'écris est celle-là même sur laquelle étaient posés devant Amma les livres de bhajans et les transcriptions des chants, tout au long de l'enregistrement. Assurément, c'est sa présence subtile qui faisait surgir de mon esprit ce flot de réflexions sur ses enseignements.

Par sa grâce, *Amṛta-kṛpa,* cette production s'avéra riche et gratifiante. Avec la plus grande humilité, j'aimerais partager ces réflexions avec les lecteurs, qui incluent certains articles précédemment publiés dans *Matruvani.*

Le Maître Spirituel

Les cinq Gurus

Il est impossible de décrire complètement une personnalité divine telle qu'Amma. Supposez que je vous emmène sur la plage et que je vous dise « Ceci est l'Océan Indien ». Ce que je vous aurai montré, ce que vous aurez vu, ne sera qu'une infime partie du vaste océan.

Afin d'avoir une vision plus large, il faudrait voler très haut dans le ciel, en avion, et contempler l'océan depuis ce point. Même là, nous ne verrions que la surface de l'océan et non ses profondeurs. De façon similaire, pour entrapercevoir la nature infinie d'un Satguru[1] comme Amma, il faut s'élever au delà de l'esprit et de sa compréhension limitée.

De même que notre vision de l'océan est limitée, notre compréhension d'Amma est partielle. Certains ne connaissent Amma qu'en sa qualité de merveilleuse chanteuse de bhajans. A l'instar de ceux qui se rendent à la plage uniquement pour savourer la brise marine, ces dévôts viennent écouter Amma chanter et repartent, emplis d'un sentiment d'élévation et de bonheur.

D'autres vont à la plage pour nager et s'amuser dans l'eau. De même, certains viennent à Amma en quête de solutions à leurs problèmes ordinaires, puis rentrent chez eux, comblés.

D'autres encore, vont sur l'océan pour pêcher. On peut les comparer à des dévôts qui viendraient à Amma dans l'espoir

---

[1] Littéralement, « véritable maître », celui qui, tout en vivant dans la béatitude du Soi, choisit de descendre au niveau des gens ordinaires afin de les aider à grandir spirituellement.

d'acquérir des *siddhis* (des pouvoirs occultes) ou de faire des miracles.

Seuls quelques-uns plongent dans les profondeurs de l'océan à la recherche de perles rares. Tout aussi rares sont les dévôts qui demandent à Amma la Réalisation de Dieu.

Amma est capable d'élever notre conscience limitée corps-esprit jusqu'à la conscience universelle. Au cours de ce processus, elle assume différents rôles, dont chacun nous aide à progresser sur le chemin spirituel jusqu'à notre ultime destination, la Réalisation de Dieu.

Ces différents rôles sont ainsi décrits dans la *Guru Gītā* :

1. Le *Sūcaka Guru* — celui qui nous transmet ou nous enseigne le b.a-b.a. de la connaissance du monde.

Bien qu'Amma n'ait même pas fait d'études secondaires, elle est un puits de science. Il y a de nombreuses années, un médecin du nord du Kérala se rendit à Amritapuri. Peu avant de passer au darshan, l'un des *sanyāsīs* (moines) lui confia qu'Amma s'était plainte, une demi-heure plus tôt, de violents maux de tête. Le médecin, qui était allopathe, possédait également d'assez bonnes connaissances en acupressure, une méthode de soins par la pression de points précis au niveau des mains et des pieds.

Une fois devant Amma, il se prosterna devant elle, puis il appuya sur certains points de ses pieds. Amma sourit et lui dit qu'il n'activait pas les bons points. Puis, elle lui indiqua où il devait appuyer ! Le médecin, désorienté, obtempéra néanmoins humblement. De retour chez lui, il consulta son livre d'acupressure et, à sa grande surprise, découvrit qu'il s'était trompé et que les indications d'Amma étaient justes !

2. *Vācaka Guru* — celui qui nous enseigne quels sont nos différents devoirs.

Quelques mois après que je sois venu vivre à l'ashram d'Amritapuri, les *brahmacārīs*[2] et quelques dévôts travaillaient un matin à la construction du bâtiment principal. A dix heures, Amma descendit de sa chambre pour donner le darshan. Nous courûmes tous vers elle. Mais, d'un ton sévère, elle ordonna aux brahmacārīs de retourner au travail. Puis elle invita les dévôts qui nous avaient aidés à la suivre à l'intérieur de la hutte de darshan. Nous reprîmes donc le travail de construction, le cœur lourd.

Ce soir-là, après le dîner, Amma nous appela tous auprès d'elle. D'une voix pleine d'affection, elle nous dit : « Mes enfants, Amma sait que vous avez ressenti de la tristesse lorsqu'elle vous a demandé de retourner au travail. Souvenez-vous, Amma n'est pas simplement ce corps. Vous devez considérer l'ashram entier comme le corps d'Amma, y être attaché et le servir. »

A ces mots, un doute s'insinua dans mon esprit. J'avais étudié le Vēdānta[3] dans un ashram à Mumbaï. Je ne pus m'empêcher de penser : « Servir l'āśram, c'est très bien, mais tout attachement n'est-il pas un asservissement ? Avais-je quitté

[2] Un brahmacārī est un disciple de sexe masculin qui pratique une discipline spirituelle sous la guidance d'un guru. (Brahmacāriṇi représente l'équivalent au féminin.)

[3] "La fin des Vēdas.' Cela fait référence aux *Upaniṣads*, qui traitent du sujet de Brahman, la Vérité Suprême, et du chemin pour réaliser cette Vérité.

mon foyer pour ensuite m'attacher à un autre lieu ? » J'allai me coucher, cette pensée troublante à l'esprit.

Le matin suivant, pendant la méditation, cette question continuait à me perturber. Au bout d'un moment, Amma arriva dans le hall, s'assit et nous guida dans notre méditation. Puis, elle réitéra les conseils qu'elle nous avait dispensés la veille.

Elle me fixa ensuite durant quelques secondes et ajouta : « L'attachement au guru et à l'ashram du guru n'est pas un asservissement ! Nous utilisons une épine pour en ôter une autre. »

L'attachement au guru libère de tous les autres attachements et mène à la Libération. Le guru représente l'univers tout entier. Servir le guru équivaut à servir l'univers, de même qu'en servant le premier ministre, quelqu'un sert indirectement le pays tout entier.

3. *Bōdhaka Guru* — celui qui initie le disciple à un mantra.

Le mantra donné par le guru purifie notre être intérieur et fait émerger nos talents cachés.

Au cours de mes études secondaires et universitaires, je remportai plusieurs prix lors de concours de chant. J'assistais également souvent aux concerts de chanteurs connus.

Assis dans le public, j'adressais cette prière à la mère divine, « O, Dēvī, accorde-moi la grâce de devenir moi aussi un chanteur et de chanter un jour sur scène. »

Après être venu vivre à l'ashram d'Amma, avoir reçu un mantra d'elle et l'avoir récité avec dévotion et régularité, je commençai à composer des bhajans – à en écrire les textes, la mélodie, et à les chanter. J'en fus le premier surpris - n'ayant jamais étudié la musique !

A Chennai, un voisin de ma famille, un musicien *Carnatique*[4] entendit mes bhajans et en fut impressionné. Il demanda à mes proches où j'avais appris la musique.

Lorsqu'ils affirmèrent que je n'avais suivi aucun enseignement musical, il s'étonna : « Comment, dans ce cas, peut-il composer de telles mélodies ? » Ils répliquèrent que c'était par la seule grâce d'Amma.

La plupart des swāmis, brahmacārīs et brahmacārīṇīs qui composent des bhajans n'ont jamais étudié la musique. Cependant, par la grâce divine, ils s'en révèlent capables.

A présent, lors du festival annuel du temple Brahmasthānam de Chennai, des chanteurs professionnels viennent chanter pour Amma. Et lorsque nous chantons à notre tour, ils nous écoutent !

J'eus un jour l'occasion d'interpréter un bhajan devant un chanteur indien renommé. Il me demanda qui m'avait enseigné la musique. Lorsque je lui assurai que c'était Amma, il en fut pour le moins stupéfait !

4. *Vihita Guru* — celui qui fait progressivement comprendre au disciple l'impermanence des objets de ce monde.

« Amma a résolu pour moi un problème qui me préoccupait sérieusement », me confia récemment un dévôt d'un certain âge. « J'avais honte, à l'âge de soixante-deux ans, d'être encore attiré par d'autres femmes, alors que j'ai une épouse merveilleuse et vertueuse » m'expliqua-t-il. « Mais, depuis que mon épouse et moi-même sommes passés ensemble au darshan, je suis désormais capable de regarder même mon épouse comme une sœur ! » Une parole affectueuse, un geste aimant ou même un

---

[4] Musique traditionnelle de l'Inde du sud.

simple regard d'Amma suffit à nous purifier et à nous orienter vers Dieu, la seule chose qui soit permanente.

5. *Tāraka Guru* — celui qui aide le disciple à prendre conscience que tout être est d'essence divine, comme les vagues et l'océan sont, par essence, identiques.

Dans leurs discours, de nombreux *ācāryas* (enseignants spirituels) s'efforcent de nous faire comprendre le mantra védique *« tat tvam asi » :* « Vous êtes Cela (l'Être Suprême) ». Amma démontre par l'exemple de sa propre vie que notre nature est divine : « Vous êtes divins par nature. »

Ceux qui ont assisté au darshan de Dēvī Bhāva d'Amma peuvent aisément appréhender cette notion. Avant le Dēvī Bhāva, Amma chante des bhajans avec une intense dévotion, comme un être humain en proie au sentiment de son impuissance. *"Etrayō nāḷāyi kātirikkunnu jñān, vyarthāmāyīḍumō jīvitam iśvara..."* (Je T'ai attendu si longtemps, Ô Seigneur. Ma vie va-t-elle passer en vain... »)

Ensuite, Amma revêt le sari, la couronne et les ornements de Dēvī. Dès lors, son humeur se transforme radicalement. Elle manifeste sa divinité, elle n'est plus un faible individu mais la puissante Déesse en personne. Donc, par ses actions, Amma nous enseigne qu'il est possible pour tout être humain de manifester la nature divine qui sommeille en lui.

Tandis qu'Amma manifeste à la fois « l'ordinaire » et le « divin », chacune de ses actions démontre qu'elle voit tout comme divin. Il suffit de l'observer quand elle donne le darshan : elle accueille tout le monde sans distinction, aime chacun totalement. De plus, lorsqu'elle arrive sur la scène, elle se prosterne devant toute l'assistance et dit : « Je me prosterne devant vous tous, qui êtes tous des incarnations de l'amour suprême et du Soi suprême. » Elle se prosterne même devant le *pīṭham* (siège) avant de s'y asseoir.

Atom Jñāna et Ātma Jñāna[5]

Un jeune et brillant Brahmane étudiait dans une *Gurukula.*[6] Meilleur élève et premier dans toutes les disciplines, il était le favori de son professeur, ce qui éveilla la jalousie des autres brahmacārīs du Gurukula. Ils voulurent ternir sa réputation en prétendant qu'il entretenait une relation adultère avec l'épouse du professeur. Lorsque ces médisances vinrent aux oreilles du professeur, ce dernier renvoya le brahmacārī de la Gurukula.

Le brahmacārī, accablé par cet imprévisible tour du sort, regagna la maison familiale. Dès que son père apprit qu'il avait encouru la colère de son guru, il lui demanda de quitter les lieux. Puis, lorsque les villageois eurent vent de l'incident, ils le rejetèrent à leur tour. Répudié par son guru, par ses parents et par sa communauté, il se réfugia tristement dans une forêt.

Progressivement, son chagrin se mua en haine envers tous ceux qui l'avaient traité injustement. Il devint vindicatif. « Je punirai les coupables ! Je les détruirai !» décréta-t-il. Le bon, jeune et brillant brahmacārī devint alors Angulimālā,[7] un brigand cruel et puissant.

Le professeur d'Angulimālā était un Śīkṣa guru qui possédait une connaissance livresque, mais était incapable de voir l'innocence d'Angulimālā. Cependant, lorsqu'Angulimālā

[5] Jñana = Connaissance

[6] Littéralement, le clan (kula) du précepteur (guru); école traditionnelle où les étudiants vivent avec le guru durant l'entière durée de leur apprentissage des Écritures.

[7] Ce nom est dérivé de la guirlande qu'il portait autour du cou – sur laquelle étaient enfilés les doigts (anguli) des victimes qu'il détroussait.

rencontra le Boudha, une transformation totale se produisit en lui. Un regard suffit à Śrī Boudha pour tout savoir d'Angulimālā. Par son regard puissant, pénétrant et empreint de compassion, il transforma Angulimālā en un moine serein, Ahimsaka.

Amma est un guru de ce calibre, à l'image du Bouddha et du sage Vasiṣṭha. Ce dernier était à la fois un Śīkṣa et un Dīkṣa guru. Non seulement son érudition était vaste comme l'océan, mais il était également un *ātma jñānī*, qui possédait la connaissance du Soi, et pouvait conduire ses disciples à l'illumination. Amma nous a elle aussi aidés à percevoir sa nature omnisciente en de nombreuses occasions. Les scientifiques et les ministres qui rencontrent Amma, par exemple, sont invariablement ébahis, aussi bien par ses connaissances pointues que par sa sagesse spirituelle.

Dans le monde, nous mesurons habituellement la supériorité ou la grandeur d'une personne à ce qu'il ou elle possède. Les plus riches sont considérés comme supérieurs aux moins fortunés.

Cela équivaut à considérer une personne avec une paire de béquilles en or et des lunettes cerclées d'or comme supérieure à une autre qui n'arborerait aucun de ces accessoires ! Nous oublions que cette dernière possède des jambes et des yeux en meilleur état !

Le monde m'accepte pour ce que j'*ai* ; Amma m'accepte pour ce que je *suis*. Le monde accepte un individu qui détient argent, pouvoir, position sociale élevée, nom et renommée. Amma accepte une personne en considérant le Divin en elle. Elle accepte chacun parce qu'elle voit le Divin en tout être. Elle sait que le corps et l'esprit ne sont que des costumes.

Le guru est la seule personne à qui nous pouvons révéler nos secrets les plus intimes en étant assurés qu'elle nous acceptera, fussions-nous le pire pécheur au monde, parce qu'elle perçoit la divinité latente en nous. Elle possède, en outre, le pouvoir de nous laver de nos impuretés.

Lorsque l'or apparaît sous une certaine forme, nous l'appelons un collier ; sous une autre, nous l'appelons un bracelet ou une boucle d'oreille. Collier, bracelet, boucle d'oreille - rien de tel n'existe. Tous trois sont par essence des formes différentes de l'or. De même, toutes les formes présentes dans l'univers ne sont que des manifestations différentes de cet Être suprême. Ce principe éternel et immuable s'appelle *sat,* et le pouvoir divin qui nous mène de *asat* (forme changeante) au *sat* immuable est appelé le satguru. Amma est un satguru.

La physique et la chimie ont analysé la matière en tant qu'énergie. Lorsque les scientifiques affirment que l'univers entier n'est rien d'autre que de l'énergie qui ne peut être ni créée ni détruite, nous les croyons sur le champ. Mais lorsque les Vēdas déclarent que l'univers entier est Parāśaktī, le pouvoir suprême qui imprègne tout l'univers, nous pensons que ce n'est pas scientifique.

Un garçon de dix ans avait entendu son père, professeur de chimie, enseigner ceci à ses élèves, « Tout objet dans cet univers est uniquement constitué d'atomes et d'énergie. » Un jour qu'une chaise de la maison s'était cassée, son père n'en fut pas bouleversé. Mais lorsqu'il ne trouva pas sa bague en or à son emplacement habituel, il en fut manifestement affecté.

Son fils lui demanda innocemment, « Papa, quand la chaise s'est cassée, tu n'as pas été fâché, mais lorsque tu as égaré une minuscule bague, tu t'es inquiété. N'as-tu pourtant pas dit que tout, dans ce monde, n'est fait que d'atomes et d'énergie ? »

« Tais-toi, petit chenapan ! » rétorqua le père. Ses vastes connaissances en chimie ne lui étaient d'aucun secours dans la vie quotidienne. La véritable connaissance ne se résume pas à enregistrer des informations ; elle provoque une transformation personnelle.

Considérez les bienfaits d'*ātma jñāna*, la connaissance du Soi. Durant les premiers temps de l'āshram, Br. Rāmakṛṣṇa (à présent Swāmi Rāmakṛṣṇānanda) y faisait des visites fréquentes.

Il était alors cadre dans une banque. Un soir qu'il était assis auprès d'Amma, une femme d'âge mûr vint confier à Amma : « Amma, le mariage de ma fille approche à grands pas, mais je n'ai pas d'argent. »

Amma se leva immédiatement, rentra dans sa maison, en rapporta un collier en or et l'offrit à la dévote en disant : « Vends ce collier et utilise l'argent pour payer le mariage de ta fille ! »

Tandis que la femme s'éloignait, tout heureuse, Br. Rāmakṛṣṇa fit remarquer à Amma, « Amma, il s'agit d'un collier de grand prix. Un tel bijou peut être offert en garantie pour emprunter de l'argent ! »

Amma rappela la femme sur le champ. Br. Rāmakṛṣṇa pensa qu'elle allait reprendre le collier. Mais, à sa grande surprise, Amma ajouta seulement : « Ma fille, ce fils affirme que ce collier est un bijou de grande valeur. Assure-toi d'en tirer un bon prix! »

Tels sont les bienfaits qu'offre *ātma jñāna*. Ce savoir nous détache de tout. Seul un satguru tel qu'Amma peut nous accorder cette connaissance, et nous rendre ainsi véritablement libres.

Les Bienheureux

Il existe deux sortes de gens malchanceux en ce monde :

1. Ceux qui n'ont jamais rencontré un *mahātmā* (être spirituellement éveillé) ni reçu la bénédiction de son pouvoir divin. J'étais un de ceux-là avant de rencontrer Amma. J'avais lu la vie d'Avatārs (incarnations divines) comme Śrī Rāma et Śrī Kṛṣṇa ; et celle de mahātmās comme le Bouddha, qui transforma Angulimālā, et comme Upagupta, qui libéra Vāsavadattā, et Śrī Rāmakṛṣṇa Paramahamsa, qui créa un être tel que Swāmi Vivēkānanda. Puis, je rencontrai Amma et je réalisai à quel point, comme des millions d'autres, j'étais béni.

2. Ceux qui ont rencontré un avatār ou un maître spirituel mais qui recherchent encore la réussite dans le monde ou qui s'en satisfont. A cause de leur ignorance, ils ne s'engagent pas corps et âme dans leur quête spirituelle. Ils n'aspirent pas à être libérés de la servitude du *samsāra* (cycle des naissances et des morts), libération que peut leur accorder un guru. Ce second type de personne est non seulement malchanceux, mais aussi stupide.

Il y a plusieurs années, Amma nous raconta la magnifique histoire d'un roi qui renonça à son royaume et devint le disciple d'un grand guru. Lorsque le roi devenu disciple demanda un mantra au guru, le guru décida de le tester.

Tandis que le roi méditait, un autre résident de l'ashram, qui balayait le sol non loin de là, envoya délibérément de la poussière sur le roi, qui se mit en fureur. Voyant cela, le guru affirma, « Tu n'es pas prêt à recevoir un mantra ! » Cet incident se reproduisit à maintes reprises, et progressivement, le roi développa la patience. Une fois qu'il eût appris à contrôler son mental, le guru l'initia à un mantra.

Ce récit nous montre à quel point il est difficile de recevoir un mantra d'un guru. Un diamant ne doit être offert qu'à une personne capable d'en apprécier la valeur. Néanmoins, dans sa compassion illimitée, Amma initie de nombreuses personnes à un mantra sacré, et leur donne l'opportunité de comprendre que ce mantra n'est rien de moins qu'une goutte d'*amṛta*, le nectar de l'immortalité.

Le roi de l'histoire se nommait Raja Pipa. Bien qu'animé par l'intense désir de connaître Dieu, il était également attaché au pouvoir et à son royaume. Une nuit, peu après s'être couché, il perçut des bruits sur le toit du palais. Il appela : « Qui va là ? »

« Nous sommes des chameliers à la recherche de nos chameaux égarés ! » lui fut-il répondu.

A ces mots, le roi tempêta : « Imbéciles ! Pourquoi cherchez-vous des chameaux sur le toit du palais ? »

Les hommes sur le toit étaient en fait des mahātmās. L'un d'eux rétorqua : « Ô, roi, qui est le plus stupide ? Nous, qui cherchons des chameaux sur le toit du palais, ou toi, qui cherches Dieu étendu sur un lit de soie et de roses ? »

Le roi, sidéré, sauta hors de son lit, courut se prosterner devant les hommes saints et quitta discrètement le palais en quête de Dieu. Il rencontra son guru. Après une dure *sādhana* (pratique spirituelle), il devint un mahātmā et atteignit un très haut niveau de réalisation spirituelle.

D'après la vie du Bouddha, nous voyons comment des rois puissants tels que Bimbisāra, son fils Ajātaśatru, Praśnajit et d'autres s'assirent à ses pieds et méditèrent dans un silence profond, atteignant finalement le *nirvāṇa,* la libération spirituelle. Le Bouddha leur fit prendre conscience à tous de la superficialité des joies et des accomplissements du monde.

Lorsque des étudiants s'inscrivent à l'Université Amrita, nous essayons de leur faire comprendre qu'il est important d'acquérir des connaissances spirituelles, en même temps qu'un savoir académique.

Des PDG, des ministres, des stars du cinéma et des millionnaires viennent voir Amma en quête de paix et de réconfort, la richesse matérielle ayant échoué à leur procurer le véritable bonheur. En la présence divine d'Amma, ils découvrent une paix et une joie nouvelles, qu'ils ignoraient auparavant.

Le cousin du Bouddha, Dēvadatta, était lui même moine dans la *sangha* (communauté spirituelle) du Bouddha. Animé par la soif de pouvoir, il partit un jour ouvrir son propre āshram, emmenant avec lui cinq cents autres sanyāsīs.

Les nouveaux disciples de Dēvadatta ne tardèrent toutefois pas à s'apercevoir de sa superficialité et revinrent au Bouddha. Le désir de pouvoir rend aveugle et éloigne du but spirituel.

En tant qu'enfants d'Amma, nous avons un droit sur la richesse de notre Mère divine. Les *Purāṇas*[8] décrivent comment Indra et d'autres dieux accomplirent d'innombrables bonnes

[8] Récits populaires hindous contenant des enseignements éthiques et cosmologiques relatifs aux dieux, aux êtres humains et au monde. Ces enseignements tournent autour de cinq sujets : la création primordiale, la création secondaire, la généalogie, les cycles du temps et de l'histoire. Il existe 18 Purāṇas majeurs qui sont désignés comme Śaivite (centrés sur le Seigneur Śiva), Vaiṣṇavite (centrés sur le Seigneur Viṣṇou) ou Śakta (centrés sur Dēvī).

actions, suite à quoi la Mère divine leur attribua de très hautes positions dans le vaste univers.

Ils décrivent également comment la Mère divine punit ces dieux, lorsqu'ils devinrent vaniteux. Le pouvoir corrompt et plonge dans l'illusion.

L'un des bhajans chantés à l'ashram commence ainsi :

ini oru janmam ivanēkolā kṛṣṇa
mati mōha ceḷiyil kāl iḍari vīzhum

> Ô Kṛṣṇa, ne m'accorde pas une autre naissance de crainte que je ne tombe dans le bourbier de l'illusion.

Pendant la *pratiṣtha* (cérémonie de consécration) du temple Brahmasthānam d'Hyderabad, j'eus la chance de me trouver à l'intérieur du sanctuaire du temple pendant qu'Amma dirigeait la cérémonie. Tandis que l'idole était soulevée et placée sur le piédestal, puis qu'Amma la bénissait, j'entendais les versets sacrés récités depuis la scène :

brahmavid āpnōti param, tadēṣābhyuktā
satyam jnānamanantam brahma
yo vēda nihitam guhāyām paramē vyōman
so·śnute sarvān kāmān saha, brahmaṇā vipaścitēti

> Celui qui réalise Brāhman atteint le Suprême. En référence à cette vérité, il a été déclaré que Brāhman est l'Existence, l'Intelligence, l'Infinitude ; celui qui Le réalise, dissimulé dans la grotte du cœur, jouit de la béatitude suprême. Tous ses désirs sont comblés.

Taittirīya Upaniṣad, 2.1.1.

Le véritable Brahmasthānam, c'est-à-dire, la demeure du Suprême, est notre cœur. Nous devons devenir des *brahmasthānārthis*, désireux d'atteindre la demeure de Brāhman. Souvenons-nous du conseil d'Amma, précieusement inscrit dans un bhajan :

> *sthāna māna dhanam ellām sthiramāṇennōrtiḍallē,*
> *nitya vastu onnēyuḷḷu, jagadambikā*
>
> Position, prestige et fortune sont tous impermanents ; la seule Réalité est la Mère universelle.

Ādi Śankarācārya[9] dit,

> *mā kuru dhana jana yauvana garvam*
> *hāratī nimēśat kālaḥ sarvam*
> *māyā mayamidam akhilam hitvā*
> *brahmapadam tvam praviśā viditvā*
>
> Ne vous enorgueillissez jamais de posséder fortune, amis et jeunesse.
> Le temps dérobe toutes ces choses en un instant,
> Comprenez que tout cela est le jeu de Māyā (l'illusion cosmique.)
> Et atteignez l'état de Béatitude suprême.
>
> Bhaja Gōvindam, 11

[9] Saint dont on pense qu'il a vécu enre le huitième et le neuvième siècle de notre ère, et qui était révéré comme un guru et un chef spirituel prônant la philosophie de l'Advaita (non-dualité), laquelle dit que le jīva (l'âme individuelle) et jagat (l'univers) ne font ultimement qu'un avec Brahman, la Réalité suprême.

Śankarācārya le nomme *'Brahmapadam.'* Amma le nomme *'Brahma-sthānam.'* Tout ce qui appartient à la Mère appartient également à ses enfants.

La Māyā peut être expliquée de multiples façons. Par exemple, un roi incarne celui qui donne et un mendiant, celui qui reçoit. Tout le monde veut devenir roi mais personne ne veut donner. Tout le monde veut recevoir, mais personne ne veut devenir mendiant. C'est le fait de Māyā, ou l'illusion. Amma et le Boudha se situent au delà de Māyā. Ils ne veulent pas devenir roi ou reine. Leur seul désir est de donner.

Devenons des *vidyārthis*, en quête de la connaissance du Suprême, et des *abhayārthis*, cherchant refuge en Amma. Amma peut nous aider à atteindre le Brahmasthānam, notre Soi éternel.

Tous les autres *sthanārthis* (ceux qui aspirent à un statut, à une position sociale) y accéderont peut-être, mais ceux-ci leur échapperont tôt ou tard. Concernant le statut du brahma-sthanārthi, il n'existe pas de compétition : tout le monde peut l'atteindre. Une fois obtenu, il nous appartient à jamais.

Nous avons la chance inestimable de bénéficier de la présence et des bénédictions d'un satguru. Ne compromettons pas notre vie spirituelle en quête d'une position sociale ou de la célébrité. Visons ce qu'il y a de plus haut : la libération spirituelle. Puisse la grâce d'Amma nous guider jusqu'à ces sommets !

Le Guru authentique

Comment savoir si un Guru est authentique ou non ?

A un arrêt d'autobus, un homme tenta de sauter dans un bus en marche. Un passager debout sur le marche-pied tenta de le hisser à l'intérieur, mais il n'avait pas suffisamment de force. Ils tombèrent tous les deux !

Il existe de nombreux gurus semblables à cet homme sur le marchepied. Ils ont étudié les Écritures, pratiqué quelques *tapas* (austérités), et cherchent à aider les autres. Malheureusement, au fil du temps, ils perdent de vue leur objectif initial. Ils courent après la célébrité, désireux d'augmenter le nombre de leurs disciples et d'agrandir leur āśram. Bientôt, ils s'écartent du chemin spirituel.

Celui qui manifeste des pouvoirs surnaturels n'est pas forcément un guru. Les *rākṣasas* (démons) pouvaient accomplir de grands prodiges. La *Guru Gītā* dit : « Le guru authentique considère tous les pouvoirs occultes des yōgis et *mantravādis* (magiciens) comme totalement insignifiants ! »

Un incident célèbre marque la vie de Saint Jñānēśvar. Un jour, Cāngdēv, un grand yōgi, se rendit chez Jñānēśvar monté sur un tigre à l'aspect féroce, dans le but de l'impressionner. Le saint, qui était assis sur un mur en compagnie de ses frères et de sa sœur, dégonfla l'ego de son visiteur en faisant voler le mur jusqu'à lui afin d'aller à sa rencontre.

La Guru Gītā dit : « Celui dont un seul regard ou la seule présence permet d'atteindre le calme, la paix de l'esprit et la joie – celui-là est un *param* (suprême) guru. »

Notre Amma bien-aimée est un tel guru. C'est l'expérience de milliers de dévôts d'Amma, venus à elle avec une longue liste de problèmes. En sa présence divine, nous oublions tout le reste.

Il y a de nombreuses années, un de mes vieux amis vint avec son épouse recevoir le darśan d'Amma. Très attristé de ne pas avoir d'enfant au bout de huit années de mariage, il confia son problème à Amma au moment du darśan. Il s'impliqua ensuite dans les activités de l'āśram et oublia complètement son chagrin. Puis, un jour, Amma lui demanda de lui apporter une *kadaḷipazham*, une sorte de banane plantain petite et sucrée. Elle bénit le fruit, puis suggéra à mon ami et son épouse de le manger. Avant qu'une année se soit écoulée, un fils naquit de leur union.

Le plus grand miracle qu'accomplit un satguru est de transformer la vie d'un dévot. Amma réalise ce prodige chaque jour pour des milliers de personnes. En sa présence, les dévôts éprouvent un sentiment de plénitude et de complétude. Le guru est *pūrṇa*, plénitude et complétude, comme la pleine lune, et il ou elle est capable d'élever ses disciples et ses dévôts à ce même niveau.

Dans le *Bhaja Gōvindam*, Śankarācārya constate avec ironie, *« Udara nimittam bahukṛta vēṣaḥ*, les gens enfilent toutes sortes de costumes dans le but de se remplir l'estomac ». Nombreux sont ceux qui se couvrent de *vibhūti* (cendre sacrée) et/ou de *kumkum* (poudre de safran), portent des *mālās* (chapelets) et donnent ainsi l'impression d'être de grands gurus.

« Les apparences sont trompeuses, » affirme le dicton. Le démon Rāvaṇa avait l'aspect d'un vénérable sage quand il vint, déguisé, kidnapper Sītā Dēvī. En revanche, le sage Agastya, l'un des plus grands sages qui ait jamais vécu, était un nain. Un autre grand sage, Aṣṭavakra, était handicapé. Un autre encore, Śukadēv, qui narra le *Mahābhārata*[10] à une assemblée de saints, était un adolescent de 16 ans.

Dans les années quatre-vingt dix, lorsque nous nous rendîmes avec Amma à Mathura, le lieu de naissance du seigneur Kṛṣṇa, nous visitâmes l'endroit où Vasudēva, le père de Kṛṣṇa, avait été emprisonné. Un prêtre s'y trouvait, une guirlande de fleurs entre les mains. Je me tenais juste derrière Amma. Je fis signe au prêtre d'en orner le cou d'Amma, qui baissa même la tête. Mais le prêtre n'en fit rien, sans doute parce qu'Amma était vêtue très simplement, en blanc. Se fiant apparemment à ma tenue monastique - je portais alors une robe jaune - il tenta de passer la guirlande autour de *mon* cou. La vision de certaines personnes est à ce point erronée.

Le terme « guru » a de nombreuses significations. L'une d'entre elles est « très lourd » - le guru est empli de paix et de joie. Lorsque nous observons les images de saints qui ont réalisé Dieu, nous constatons qu'ils ont une apparence majestueuse très différente de celle de rois, de reines ou autres puissants de ce monde, lesquels perdent leur air de grandeur une fois qu'ils ne sont plus au pouvoir. Un tel pouvoir puise son origine à l'extérieur et est donc impermanent, alors que la source de la gloire d'un mahātmā réside à l'intérieur – c'est un pouvoir spirituel et permanent.

---

[10] Ancien récit épique de l'Inde, composé par le sage Vyāsa, et décrivant la guerre entre les vertueux Pāṇḍavas et les méchants Kauravas.

Si nous contemplons des photos d'Amma, nous verrons qu'elle a une aura de paix et de splendeur. Cette aura n'a rien à voir avec le fait qu'elle soit à la tête de nombreuses institutions.

Lorsque je suis venu à Amṛtapuri pour la première fois, en 1985, c'était un minuscule āshram dont ne dépendait encore aucune institution. Mais même alors, Amma avait une aura de splendeur spirituelle évidente. C'est une aura qui émane de l'intérieur.

Quand Amma s'est rendue pour la première fois à Kōlkaṭa, dans l'ouest du Bengale, certains de ceux qui l'accompagnaient voulurent visiter Dakṣinēśvar, où Mère Kāḷī (également connue comme Bhavatāriṇī) avait dansé et donné le darshan à Shri Rāmakṛṣṇa Paramahamsa. Un premier groupe de dévôts déclara qu'ils n'iraient nulle part sans Amma. Le second était prêt à effectuer cette visite sans elle.

Je faisais partie du second groupe, avec lequel je me rendis à Dakṣinēśvar. A notre retour, Amma nous fit comprendre que nous avions commis une erreur et que nous ne devrions aller nulle part sans notre guru.

Nous en fûmes attristés. Selon moi, il incombait à des chercheurs spirituels comme nous de visiter ces lieux sacrés ; Amma n'a pas besoin d'effectuer ce genre de pèlerinages. De plus, j'avais le sentiment qu'Amma n'avait pas à se rendre en un lieu où les gens ne sauraient pas apprécier sa grandeur.

Le premier groupe souhaitait lui aussi voir Dakṣinēśvar et demanda à Amma de les y emmener. Elle accepta et, finalement, nous nous y rendîmes tous ensemble.

Il advint exactement ce que j'avais craint. Au nord de l'Inde, il existe de nombreuses *'Mātājis'* (Saintes Mères), et la foule réunie à Dakṣinēśvar considéra Amma simplement comme l'une d'entre elles.

Nous nous rendîmes au temple de Bhavatāriṇī et nous tînmes devant le sanctuaire de Kāḷī, là où Śrī Rāmakṛṣṇa Paramahamsa avait prié. Le prêtre attaché au temple fit l'āratī devant Kāḷī à l'intérieur du sanctuaire, puis il approcha la lampe d'Amma, qui reçut l'āratī avec la plus grande humilité et révérence. A ce spectacle, je ne pus m'empêcher de penser : *si seulement le prêtre pouvait voir que Bhavatāriṇī, celle-là même qu'il vénère depuis des années, se tient devant lui, en chair et en os !*

Il en fut de même lorsqu'Amma visita Vṛndāvan[11] en 2016.

La veille de son programme, Amma nous emmena à Brahma Kuṇḍ, où le seigneur Kṛṣṇa donna le darshan au seigneur Brahma, le Créateur de l'univers, et où Il effectua la célèbre danse *rāsa-līlā*[12] avec ses *gōpīs* (vachères) bien aimées.

Un des organisateurs du programme nous offrit une représentation, dans sa propriété, de la rāsa-līlā interprétée par des jeunes gens de Vṛndāvan. Notre hôte nous annonça ensuite que les personnes que nous avions vues sur scène n'étaient pas simplement des acteurs, mais Kṛṣṇa, Rādhā et les gōpīs en personne ; telle était sa croyance.

Beaucoup des enfants d'Amma ont la conviction que l'Etre suprême qui prit jadis la forme de Śrī Kṛṣṇa et vécut à Vṛndāvan durant le *Dvapara Yuga,* est à présent parmi nous sous la forme d'Amma.

---

[11] Lieu ou le seigneur Kṛṣṇa a passé son enfance.

[12] 'Danse d'amour divin,' durant laquelle le seigneur Kṛṣṇa dansa avec Radha et chacune des autres gōpīs

A la fin du spectacle, notre hôte invita Swāmi Amṛtaswarupānanda ainsi que deux brahmacārīs de langue hindi à faire l'āratī aux danseurs qui se tenaient sur la scène. Swāmiji demeura immobile, les mains croisées, tandis que les deux brahmacārīs faisaient l'āratī. Je suis sûr que les pensées de Swāmiji et celles de plusieurs d'entre nous revinrent alors à ce jour où Amma nous avait emmenés à Dakṣinēśvar. Bien que nos hôtes eussent revêtu Amma de tous les attributs du seigneur Kṛṣṇa, c'est aux personnages de Rādhā et Kṛṣṇa, sur la scène, qu'ils offraient l'āratī, et non à Amma.

Certains sodas parfumés au citron ou à l'orange ont peut-être le goût d'orange ou de citron. Mais seul le jus de fruit authentique contient la vitamine C, essentielle à la croissance de notre corps. De même, il y a un monde de différence entre Amma parée du costume de Kṛṣṇa et d'autres personnes déguisées en Kṛṣṇa.

Rares sont ceux qui reconnaissent intuitivement la grandeur spirituelle lorsqu'ils la voient. Il y a de nombreuses années, nous nous rendions à Jamshedpur, où Amma devait diriger un programme dans un temple d'Hanumān situé au sommet d'une colline. A mi-chemin de la montée se trouve un temple dédié à Kāmākṣī (une forme de la Mère Divine). Les dévôts de ce temple invitèrent Amma à le visiter sur le chemin du retour, après son programme, et elle accepta.

Quelques brahmacārīs, dont moi-même, y allèrent un peu plus tôt, afin d'organiser l'accueil d'Amma. Il était dix-sept heures passées lorsqu'elle arriva au temple. Je me tenais à la droite du prêtre, qui récitait l'*Aṣṭōttaram* (litanie sacrée de 108 attributs) en offrant des fleurs à la déesse représentée dans le sanctuaire. Lorsqu'Amma atteignit le sanctuaire, le prêtre continua sa récitation, mais au lieu d'offrir les fleurs à l'idole, il les offrit aux pieds d'Amma ! Ce fut un spectacle merveilleux.

Les dévôts locaux nous confièrent plus tard que le geste du prêtre avait irrité les membres du comité du temple, qui l'avaient prié de s'en expliquer.

Le prêtre au cœur pur leur avait alors répondu : « J'étais en train d'offrir des fleurs à l'idole. Mais à l'arrivée d'Amma, j'ai vu que c'était Mère Kāmākṣī en personne, qui s'avançait vers moi ! C'est donc à elle, qui est Parāśaktī, que j'ai offert les fleurs ! »

Kṛṣṇa et Amma révèlent leur véritable nature à ceux qui ont le cœur pur. Même Ṛṣi Sāndīpani, le professeur du seigneur Kṛṣṇa, ignorait qu'Il était l'incarnation de Dieu jusqu'à ce que le Seigneur se rende à Yama-lōka, la demeure de la mort, et ramène à la vie le défunt fils du ṛṣi. Mais Ṛṣi Garga, le précepteur de la famille, savait que Kṛṣṇa était l'Etre suprême parce que son père, le seigneur Brahma, le lui avait expliqué.

Bhīṣma le savait également car sa mère, Gangā Mātā, le lui avait appris. Les résidents de Vraja comprirent que Kṛṣṇa était d'essence divine lorsqu'il souleva la montagne Gōvardhana à l'aide de son petit doigt. Tandis que Kamsa, le mal-intentionné, et ses hommes de main pensèrent que Kṛṣṇa était un simple adepte de la magie noire, de l'hypnotisme et du mesmérisme !

Hanumān savait quant à lui que le seigneur Rāma et le seigneur Kṛṣṇa étaient deux formes de l'Etre suprême, mais son esprit était uniquement concentré sur la forme de Rāma.

C'était également le cas de Tulsīdās, qui a composé une version longue et détaillée du *Rāmāyana.*[13] Même lorsqu'il

[13] Un poème épique de 24 000 vers sur la vie et l'époque de Rāma. Il existe de nombreuses versions du Rāmāyana. Celle écrite par Tulsīdās,

composait un *Ganapati Stuti* (hymne de louange au seigneur Ganapati), Tulsīdās priait pour obtenir la dévotion envers le seigneur Rāma :

māngat tulsīdās kar jōrē
bas hi rām sīyā mānas mōrē

O Ganapati, je Te prie de m'accorder la grâce que le seigneur Sītā-Rām demeure à jamais dans mon cœur !

La plupart des dévôts d'Amma vénéraient auparavant diverses formes du Divin. Lorsqu'ils ont rencontré Amma, ils ont senti qu'elle était la forme humaine de la divinité qu'ils avaient honorée dès l'enfance. Ils considèrent à présent Amma comme leur unique refuge. En même temps, nous savons à présent que les formes vénérées par d'autres sont des aspects différents du Divin, et nous n'éprouvons donc aucune difficulté à les accepter et à les révérer.

ākāśāt patitam tōyam
yathā gacchati sāgaram
sarva dēva namskāraḥ
kēśavam pratigacchati

De même que toutes les gouttes de pluie qui tombent du ciel finissent par atteindre l'océan, les prières offertes à tous les dieux atteignent ultimement l'Être suprême.

---

le Rāmcaritmanas, est très populaire en de nombreuses régions de l'Inde.

Guru Kṛpa

En 1987, comme nous voyagions avec Amma en direction de Kōzhikōḍe, dans le Kérala, nous nous arrêtâmes un soir à proximité de Shorṇūr afin de prendre un bain dans le fleuve Bhāratapuzha. Amma et les brahmacāriṇis allèrent se baigner ensemble, tandis que les hommes se baignaient une centaine de mètres en contrebas du cours-d'eau.

Mauvais nageur, je glissai accidentellement vers une zone profonde du fleuve où les eaux étaient rapides. Quelques brahmacārīs se tenaient à quelques mètres de là. Mais mon instinct me dit qu'ils ne seraient pas en mesure de m'aider. Sur le point de me noyer, je criai, « Amma ! »

Ainsi que je l'avais imaginé, les brahmacārīs autour de moi pensèrent que je plaisantais et aucun ne vint à mon secours.

Amma, elle, perçut la détresse dans les cris de son fils et ordonna, « Attrapez vite Satyātma (mon ancien nom) ! » C'est seulement alors que les brahmacārīs comprirent la gravité de la situation et me sauvèrent de la noyade.

Une fois sorti de l'eau, je me rappelai la prédiction faite par un astrologue plusieurs années auparavant : « Prenez garde, jeune homme ! Vous pourriez mourir noyé. »

A l'instant où Amma était entrée dans le fleuve, celui-ci était devenu *tirtham* (eaux sacrées entre toutes), et en y entrant à mon tour, je fus purifié et sauvé de la mort.

La présence du guru est le tirtham le plus sacré qui soit.

Un groupe de dévôts projeta un jour de se rendre en pèlerinage au bord de toutes les rivières sacrées de l'Inde.

Ēknāth, le célèbre saint du Mahārāṣṭra, décida alors d'enseigner à ces dévôts à quel point la présence d'un mahātmā est puissante. Il leur confia un bâton de pèlerin et leur dit, « Lorsque vous vous baignerez dans le Gange, plongez-y ce bâton, puis rapportez-le moi. »

Les dévôts acceptèrent, mais lorsque l'un d'eux immergea le bâton dans le fleuve, celui-ci lui échappa des mains et fut emporté par le courant. Une fois de retour auprès d'Ēknāth, les dévôts tout penauds lui rapportèrent les faits. Ēknāth sourit, se leva, marcha jusqu'à la mare d'eau sale qui se trouvait juste devant sa maison, et en sortit le bâton qui avait été emporté par le Gange !

La présence divine d'un mahātmā purifie. Ses qualités divines remplacent les tendances négatives ancrées en nous depuis longtemps. Le *Skanda Purāṇa* dit :

> *satya tīrtham kṣamā tīrtham tīrtham indriyanigrahaḥ*
> *sarvabhūta dayā tīrtham tīrthanām satyavāditā jñāna*
> *tīrtham tapastīrtham kathitam sapta tīrthakam.*

> La connaissance du Soi, la patience, le contrôle des sens, la bonté envers tous les êtres, la parole vraie, les études spirituelles, les austérités – voilà les sept tīrthams les plus sacrés.

Il est très facile d'acquérir de telles qualités en présence d'un être qui a réalisé Dieu, comme Amma. Dès lors que nous parvenons aux pieds d'un tel satguru, nul besoin d'étudier les Écritures, à condition d'être capable de totalement lui obéir et de s'abandonner à sa volonté.

Chaque parole que prononce le satguru est Ecriture Sainte. Le satguru nous enseigne davantage par la pratique qu'au travers de préceptes. Il s'agit d'être extrêmement conscient, vigilant et attentif.

Acquérir les qualités du satguru, qui est un *siddha* (celui qui a atteint le but), devient la pratique spirituelle du *sādhaka* (celui qui tente d'atteindre le but). La compassion est un sentiment naturel pour Amma. Pour nous, c'est une sādhana qui exige beaucoup d'efforts. Ceci est également vrai de la paix de l'esprit, de la présence constante d'un sourire sur notre visage, etc.

Le pouvoir spirituel

Le *Rāmāyana* et les *Purānas* racontent l'histoire du roi Kauśika qui, à la tête de son immense armée, atteignit après une longue partie de chasse l'ermitage du Sage Vasiṣṭha, au cœur de la forêt. Le sage vivait dans son āshram, en compagnie de la vache céleste Kāmadhēnu (également connue sous le nom de Surabhī).

Cette vache avait le pouvoir magique d'exaucer tous les vœux, quels que soient l'objet ou la quantité désirés. Utilisant ce pouvoir, le sage ordonna à Kāmadhēnu d'offrir un festin somptueux au roi et à son armée. Après le banquet, le roi, poussé par l'avidité, demanda au sage de lui offrir la vache divine. Le sage répliqua poliment que si *Gō-mātā* (Mère Vache) était désireuse de partir, le roi pourrait la prendre.

Mais Kāmadhēnu souhaitait rester auprès du sage, dans son āshram, tout comme Sītā, l'épouse du seigneur Rāma, avait préféré demeurer avec Lui dans la forêt.

Le seigneur Rāma et son guru, le sage Vasiṣṭha, étaient tous deux investis de formidables pouvoirs spirituels. Kāmadhēnu était une incarnation de Mahālakṣmī, la compagne divine du seigneur Viṣṇu, le Préservateur de l'univers. L'allégeance de Sītā et de Kāmadhēnu à leurs maîtres indique que la prospérité appartient réellement et pour toujours à celui qui est désintéressé et dont l'unique objectif est le bien du monde.

Pour en revenir à notre histoire, le roi Kauśika, furieux, tenta d'enlever Kāmadhēnu par la force. La vache divine fit alors apparaître une armée puissante qui mit en déroute le roi et son armée.

Le roi, humilié, regagna son palais, pratiqua de sévères austérités et acquit la connaissance lui permettant de manier les armes divines. Puis, il retourna à l'āshram du sage Vasiṣṭha et l'attaqua avec ces armes divines. Mais le *yōga daṇḍa* du sage Vasiṣṭha's (bâton qu'utilisent les yōgis en méditation) absorba toutes les *astra* (armes), et même le très puissant *Brahma-astra* que le roi avait lancé contre lui.

Alors seulement le roi Kauśika comprit cette grande vérité :

> *« Dhig balam kṣatriya balam, brahma tējō balam, balam »*
>
> « Insignifiantes, inférieures et limitées sont la puissance militaire ou physique, comparées au pouvoir divin acquis par les austérités ; ce pouvoir est infini par nature. »

Une personne réellement sage ne croit jamais à la suprématie du pouvoir matériel.

Le père de Sītā, Janaka, incarnait un tel exemple. C'était le meilleur disciple du guru Yajñavalkya. Les autres disciples pensaient que le guru préférait Janaka parce qu'il était roi. Afin que ses disciples prennent conscience de la grandeur de Janaka, Yajñavalkya créa l'incident suivant : durant les enseignements habituels sur les Écritures, un soldat fit irruption sur les lieux, en annonçant que Mithilā, la cité du roi Janaka, était la proie des flammes.

Les autres disciples coururent aussitôt sauver leurs biens personnels, mais le roi Janaka demeura calmement assis et pria le guru de continuer son cours. Comme le guru demandait à

Janaka s'il ne s'inquiétait pas du fait que le sa ville fût détruite par le feu, Janaka répliqua sereinement :

anantam bata mē vittam
yasya me nāsti kiñcana
mithilāyām pradīptāyām na mē
dahyati kiñcana.

Infinies en vérité sont mes richesses
Dont aucune ne m'appartient.
Si Mithilā brûle,
Rien de ce qui est mien n'est brûlé

Mahābhārata, Śāntiparva, VII.1

Il n'était pas attaché à son riche et vaste royaume, périssable, parce qu'il avait trouvé en lui la plus grande richesse qui soit : le pouvoir spirituel impérissable. Le *Tantra* indien et la tradition Bouddhiste recèlent de superbes mantras : *'Ōm maṇī padmē hum'* et *'Om vajra sattva hum.'* Ces deux mantras indiquent que dans le cœur humain (qui a la forme d'un bourgeon de lotus) réside le *maṇī* (joyau) ou *vajra* (diamant, le joyau le plus précieux au monde) — l'étincelle de conscience divine.

Nous devons éveiller ce pouvoir grâce aux pratiques spirituelles. Le diamant est connu pour sa pureté absolue ; ainsi est également l'*Ātma* (le Soi) : absolument pur. Le diamant est la seule chose qui puisse couper le verre, mais rien ne peut couper le diamant excepté le diamant lui-même. Ainsi, la connaissance de l'*Ātma* est la connaissance suprême.

Lorsque le Boudha regagna sa ville natale après avoir atteint l'éveil, le roi Sudhōdhana, son père, lui rendit visite. Le roi l'invectiva avec colère, « Tu es une disgrâce pour notre famille. Nos ancêtres étaient tous des rois. Nous n'avons appris qu'à donner. Et toi, tu mendies dans les rues ! »

Le Bouddha demeura calme et fixa son père dans les yeux. Son regard était si puissant et pénétrant que ce dernier ne put le soutenir. Il dit, « Père, tu possèdes peut-être une fortune immense, mais tu ne connais pas un seul instant de paix. Toi et tes ministres êtes constamment inquiets et anxieux au sujet de votre sécurité ! Aussi pauvre que je sois, personne au monde ne se sent autant en sécurité et en paix que moi ! » Le roi n'eut rien à répliquer à ces paroles et resta coi.

Lorsqu'Amma était très jeune, un jour qu'elle était absorbée dans des austérités, un jeune athée s'approcha d'elle dans le but de la poignarder. Amma affirma calmement, « Tu peux tuer ce corps qui est le mien, mais tu ne peux pas m'atteindre ! »

Ce fut son attaquant qui s'effondra ensuite sous l'effet de la douleur, comme s'il avait reçu un coup de couteau en pleine poitrine. La force physique échoue toujours face au véritable pouvoir spirituel.

En 2013, des voyous s'attaquèrent à trois lycéennes qui étaient des dévotes d'Amma, non loin de son āśram de Bangalore. Amma en fut informée et une plainte fut déposée auprès de la police. Je demandai alors à quelques femmes plus âgées si elles accepteraient de se former à certains arts martiaux comme le kung fu ou le karaté, afin de pouvoir transmettre ensuite des techniques d'auto-défense à de plus jeunes filles.

Malheureusement, elles avaient toutes mal au dos ! Je ne me décourageai pas. Longtemps auparavant, j'avais appris le *kaḷari payaṭṭu*, les arts martiaux du Kérala. En désespoir de cause et bien que très rouillé, je décidai de dispenser moi-même ces enseignements aux jeunes filles.

Je les convoquai, ainsi que leurs parents et les garçons de l'ashram de Bangalore, et commençai par leur enseigner le *Sūrya Namaskār*, l'enchaînement des postures (*āsanas)* de yoga de la Salutation au Soleil. Je leur rappelai également que le pouvoir réellement protecteur est le pouvoir des mantras. Donc, le jeudi et le dimanche, nous récitions beaucoup de mantras et les autres jours de la semaine, je leur appris le peu de techniques d'auto-défense que je connaissais. Je pense que cela suffisait pour leur être d'un certain secours en cas de situation dangereuse.

Hélas, cet entraînement ne dura qu'une huitaine de mois. J'eus moi-même une hernie discale mineure et souffris à mon tour de douleurs dorsales ! Peut-être Amma préférait-elle que la force de ses enfants repose essentiellement sur le pouvoir spirituel.

Après tout, c'était la dévotion et non les prouesses physiques qui avaient sauvé Sītā, Draupadī, Prahlāda et bien d'autres. J'étais convaincu que, le temps venu, Amma nous enseignerait elle-même des techniques d'auto-défense, d'une façon ou d'une autre. Par sa grâce, une dévote d'Amma nous présenta des professeurs de karaté à Bangalore. Amma donna à nos jeunes son autorisation et sa bénédiction pour se former aux techniques d'auto-défense.

Il est faux de conclure que la spiritualité n'accorde aucune importance au fait de défendre son intégrité physique. Après avoir gagné la bataille de Kalinga, le roi Aśōka fut envahi par le remords en voyant des centaines de milliers de soldats gisant, morts, sur le champ de bataille.

Il se convertit au bouddhisme, se mit à pratiquer la non violence et, à son exemple, tout son peuple se convertit. Résultat : après sa mort, des ennemis conquirent son royaume.

Aśōka n'avait pas adopté la bonne attitude. Le fait suivant est rapporté par le monastère Shao-Lin, en Chine. Lorsque des rois tyrans et leurs armées persécutèrent de paisibles moines bouddhistes, Bōddhi Dharma, un maître de l'Inde du sud, se rendit en Chine et leur enseigna le kaḷari payaṭṭu, lequel donna ensuite naissance au kung fu, au karaté et autres arts martiaux.

Et lorsque des soldats moghols s'attaquèrent à des sanyāsīs dans le nord de l'Inde, Swāmi Madhusūdana Saraswatī, de l'ordre des Śankarācāya, rencontra l'empereur moghol Akbar et le pria d'intervenir.

Akbar affirma qu'il ne pouvait rien faire et demanda au swāmi de créer une force de combat. Ainsi naquirent les *Akhāḍas,* ou centres d'entraînement où les sanyāsīs furent entraînés à de dures pratiques spirituelles, à des techniques de combat physique plus rudes encore, et à l'utilisation d'armes. Ils furent ainsi connus sous le nom de *nāga sanyāsīs.*

Il y a plusieurs années, pendant un festival Brahmasthānam à Hyderabad, j'avais fait l'arati à Amma et offert des fleurs à ses pieds sacrés. A ma surprise, Amma me sourit malicieusement, tendit la main vers moi, puis déposa quelque chose au creux de mes paumes réunies en coupe.

C'était un morceau d'ongle provenant d'un de ses pouces ! Il avait la forme d'une minuscucle épée. De retour dans ma chambre, je le rangeai dans ma petite boîte de kumkum.

Je me souvins alors du récit dans lequel le seigneur Narasimha[14] lacéra Hiraṇyakāśipu avec ses griffes divines. Hiraṇyakaśipu avait obtenu de Brahma la promesse qu'aucune arme ne pourrait le tuer. Mais les griffes de Narasimha furent la réponse à cette impossibilité !

Je me rappelai également comment la déesse Durga était apparue à Chhatrapati Śivāji et lui avait offert une épée, qui l'avait mené à la victoire.

Durgā apparut également à Swāmi Vidyāraṇya et lui accorda sa bénédiction pour établir l'empire Vijayanagar. Dans la vie spirituelle, l'épée d'un sādhak est le discernement, qui brise tous les attachements. Voici ce qu'enseigne également la *Bhagavad Gītā* : — *'asanga śastrēṇa dṛḍhēna chitvā'* (« avec la hache affûtée du détachement ») (15.3).

Il y a fort longtemps, après avoir appris le kaḷari payaṭṭu, j'avais développé de bonnes capacités en matière d'auto-défense, mais je continuais néanmoins à ressentir un peu de peur. Le fait de réciter le mantra d'Amma pendant de nombreuses années m'a rendu beaucoup plus intrépide, même si je ne n'ai plus guère la capacité de me défendre physiquement !

Des brahmacāriṇis qui travaillent dans des āshrams d'Amma situés dans des localités où sévissent des conflits religieux rapportèrent n'avoir ressenti aucune peur, même lorsqu'elles avaient reçu des menaces de mort au téléphone. Réciter le mantra d'Amma nous insuffle une force infinie.

---

14 Narasimha = littéralement, homme-lion. Une incarnation divine du Seigneur Viṣṇu qui tua Hiranyakāśipu, le roi des démons, lequel avait persécuté des dévots du Seigneur, dont son propre fils Prahlāda.

Développons à la fois la puissance physique, matérielle et spirituelle, et la conviction que le pouvoir spirituel est seul en mesure de nous sauver.

Effacer l'ego

Lumineux comme la pleine lune

Un soir, à l'approche du crépuscule, un sanyāsī était profondément absorbé en méditation, le visage paisible et serein. Il était inconscient de la présence d'une jeune et belle danseuse du nom de Vāsavadattā, laquelle attendait avec impatience qu'il ouvre les yeux. L'éblouissante beauté de Vāsavadattā captivait tous les jeunes hommes de la ville. Mais elle avait pour habitude de ne recevoir chez elle que les hommes très fortunés. Or, en cet instant, elle était fascinée par ce jeune sanyāsī, Upagupta, qui appartenait à la lignée du Bouddha.

Au bout d'un moment, le jeune sanyāsī ouvrit lentement les yeux, puis se leva. Vāsavadattā s'avança alors vers lui et l'invita chez elle. Il déclina poliment son invitation et tous les efforts de la jeune femme pour le convaincre furent vains.

La seule réponse qu'elle obtint de lui fut, « Je viendrai à toi au moment adéquat ! » Sur ces mots, Upagupta sourit, se détourna et s'éloigna lentement et avec grâce.

Triste, la danseuse se sentit humiliée. « Quel homme est-ce donc là ? » s'interrogea-t-elle. Tous les autres hommes de la ville se seraient empressés d'accepter une invitation de sa part, alors que ce moine ne semblait nullement intéressé.

Les années passèrent. Vāsavadattā contracta la redoutable maladie qui sévissait à l'époque, la lèpre. Ceux qui l'avaient adorée et vénérée se couvraient à présent le nez et détournaient le regard lorsqu'elle s'approchait d'eux. Celui dont le cœur était le plus dur la jeta au fond d'un fossé, à la sortie de la ville.

Comme elle gisait là, agonisante et à demi-consciente, en proie à la souffrance et torturée par la faim et la soif, elle entendit des pas approcher. Levant les yeux, elle découvrit le sanyāsī qui avait décliné son invitation de nombreuses années auparavant.

Les yeux embués de larmes, elle dit, « Ô, noble individu ! Tu m'as ignorée alors que j'étais attirante. Pourquoi viens-tu à moi maintenant ? »

Upagupta s'assit auprès d'elle. Il versa de l'eau dans sa bouche et étancha sa soif. Puis il dit : « Mon enfant, c'est le bon moment à présent pour que je vienne à toi. Je vois en toi le même être que celui que je voyais autrefois. La décomposition et la mort concernent uniquement le corps, mon enfant ! Tu es cet être impérissable, éternel et à jamais bienheureux. La mort ne peut pas t'atteindre. Sois heureuse et en paix. » Il la guida ensuite au plus profond du Soi. La douleur et l'extrême souffrance disparurent, et Vāsavadattā quitta ce monde paisiblement.

Lorsque je lus cette histoire, il y a de nombreuses années, elle éveilla en moi le désir de rencontrer un guru de cette envergure. En 1985, lors de ma première visite à Amritapuri, je vis un être divin soigner les plaies d'un lépreux d'une façon unique : en léchant les plaies du malheureux jeune homme. Cette grande âme était une jeune *sanyāsinī* (moniale), vêtue d'un sari blanc immaculé.

Les plaies causées par la lèpre sont à l'extérieur et se soignent relativement aisément. Les blessures internes dont souffrent la plupart d'entre nous, l'ego, l'orgueil, la jalousie, la colère et la haine, entre autres, sont plus difficiles à guérir.

Mais Amma peut nettoyer toutes les plaies suppurantes dans les esprits lépreux. Une fois débarrassé de ces impuretés, notre être réel brillera, comme la lumineuse pleine lune.

Amma nous raconta un jour une histoire qui incite à la réflexion. Un homme se tenait au sommet d'une colline, vêtu d'un simple pagne. Plusieurs passants, impressionnés par le dépouillement manifeste de ce « renonçant » lui demandèrent qui il était. « Vous voyez ce grand immeuble bleu et blanc ? » répondit l'homme. « Il abrite une entreprise qui vaut cinq cents millions de dollars. J'ai renoncé à cela. Je possédais un hôtel cinq étoiles qui vaut encore davantage. J'y ai également renoncé. Je suis un être qui a renoncé à des millions de dollars !

Amma nous enseignait là une vérité subtile : nous pouvons renoncer à tout, mais il est difficile de renoncer à notre ego.

Il y avait un démon nommé « Madhu », ce qui signifie « miel ». Il représente l'ego, auquel nous sommes très attachés et que nous aimons comme nous aimons le miel. Amma dit que, comparé au fait d'éliminer l'ego, faire disparaître la chaîne de l'Himalaya serait un jeu d'enfant ! Seul le guru peut éradiquer l'ego. Son regard *(dṛṣṭi),* son contact *(sparśa)* et ses paroles *(vāk)* ont tous un pouvoir immense, tels des rayons laser capables de trancher même l'acier.

Le saint Nanin, un saint appartenant à la tradition Bouddhiste, a raconté comment son guru l'avait aidé à se réformer. Nanin et ses condisciples n'étaient pas autorisés à dormir pendant la journée.

Un jour que Nanin était allé faire des achats pour l'āshram, il rentra totalement épuisé. Il songea à s'allonger un moment ; son guru était sorti. Sans y réfléchir à deux fois, il se coucha juste derrière la porte d'entrée et s'endormit sur le champ. Mais le guru revint avant son réveil et trébucha sur Nanin endormi en pénétrant dans la pièce. Ouvrant les yeux, il découvrit le guru dressé au dessus de lui. Sans lui laisser le temps de réagir, le guru se pencha vers lui et murmura, « Je suis vraiment désolé. Je ne voulais pas te déranger ! »

Cet incident entraîna un changement radical dans la vie de Nanin. Jamais plus il ne dormit durant la journée. Cet exemple montre comment le guru peut détruire notre ego.

Lors d'un récent tour de l'Inde, à Mumbaï, le créneau horaire durant lequel je devais chanter des bhajans avait été fixé à la fin du darshan d'Amma. A l'heure dite, le groupe de bhajans et moi-même nous installâmes sur la scène derrière Amma. Au même moment, Amma demanda au brahmacārī responsable du système de sonorisation de diffuser les nouveaux bhajans. Il passa un nouveau bhajan après l'autre. J'attendis, attendis et attendis encore. De pareilles situations sont l'occasion de développer la vertu de l'abandon à Dieu. Nous apprenons à faire passer Amma avant nos propres besoins, quels qu'ils soient. Et nous apprenons à demeurer témoins des situations.

Nos fortes individualités nous rendent souvent agressifs, et nous nous démenons pour que tout se déroule comme nous le souhaitons.

Il y a quelques mois, alors que je me trouvais à l'hôpital AIMS, j'eus une conversation intéressante avec une dévote d'un certain âge, qui rend visite aux patients et leur apporte son soutien. Elle me parla d'un étudiant atteint de dépression qui s'était suicidé. « Swāmiji, » me dit-elle, « de nos jours, les parents donnent à leurs enfants tout ce qu'ils veulent. Ainsi habitués, ces jeunes sont si contrariés lorsqu'ils n'obtiennent pas ce qu'ils désirent qu'ils vont parfois jusqu'à se donner la mort ! »

La grâce et les enseignements d'un guru sont particulièrement pertinents dans de telles situations. Un satguru règne en maître sur les circonstances, alors que nous en sommes les victimes. Le seigneur Rāma n'était nullement affecté par ce que le monde pouvait lui donner ou lui retirer.

Il était aussi heureux au cœur de la forêt qu'à l'intérieur d'un palais. De même, la béatitude intérieure d'Amma n'est pas affectée par les circonstances extérieures.

Pour en revenir à l'incident de Mumbai, j'attendis une heure et quart tandis que les nouveaux bhajans continuaient à passer. Soudain, Amma se tourna et me vit. Elle m'adressa un regard plein de sollicitude et s'exclama, « Oh ! Oh ! Tu attends de chanter les bhajans ! » Agitant les mains en direction du brahmacārī chargé du système de sonorisation, elle le pria d'arrêter sa diffusion, puis me fit signe de commencer à chanter.

Durant quelques minutes, je demeurai pétrifié, méditant sur l'attitude d'Amma. Je savais que celle-ci pouvait être interprétée de deux façons différentes.

1. Dans sa compassion maternelle, Amma était désolée pour moi, qui avais attendu si longtemps de chanter. Elle montrait aussi son humilité. Elle nous enseigne que chacun de nous devrait avoir l'humilité de se prosterner même devant une fourmi ; c'est seulement ainsi que nous pourrons atteindre l'Être suprême.

2. Indirectement, elle m'apprenait à être suffisamment patient et humble pour attendre indéfiniment. Supposons que

j'aie dû attendre jusqu'à la fin du darshan sans avoir eu l'occasion de chanter. Un véritable chercheur spirituel accepterait une telle situation sans en être contrarié. Pouvoir regarder Amma d'aussi près est déjà une grande bénédiction. C'est, en fait, la plus grande bénédiction qui soit !

Nous oublions qu'Amma est *pañcavaktra*, un être doté de cinq visages, et également *viśvatōmukhī*, qui fait face à toutes les directions en même temps, comme une flamme.

Elle m'observait, bien que son visage fût tourné dans la direction opposée par rapport à moi et aux autres chanteurs assis derrière elle. Nous avons pour la plupart l'illusion qu'Amma nous regarde uniquement lorsque son visage est tourné vers nous. Amma nous observe en permanence, elle connaît chacune de nos pensées.

La spécialiste du « Je »

En Chine et dans les pays de l'Asie du sud-est, la Mère divine est connue sous le nom de Kuan Yin, la Déesse de la Compassion. Dans une de ses incarnations, elle fut la fille cadette d'un roi très cruel d'un état de la Chine. De tous les membres de sa famille, elle était la seule à faire preuve de compassion ; les autres, y compris ses frères et ses sœurs aînés, étaient malveillants et jaloux de sa popularité auprès du peuple.

Ils firent plusieurs tentatives infructueuses pour se débarrasser d'elle. Lorsque le roi cruel fut frappé par la maladie en conséquence de ses mauvaises actions, les frères et sœurs de la princesse usèrent de rouerie. Ils contraignirent le médecin du roi à prescrire un remède radical en vue de sa guérison : une soupe constituée des yeux et des mains d'une princesse vierge.

La jeune princesse était la seule à répondre à ces critères, et elle accepta sans hésiter de sacrifier ses yeux et ses mains pour sauver la vie de son père. Le roi guérit. Mais un grand miracle se produisit également. La princesse reçut de nouveaux yeux et un millier de mains, et monta au paradis.

La signification symbolique de cette histoire est que si nous servons le monde de manière désintéressée, avec nos mains et notre cœur, le monde entier nous vénérera et deviendra pour nous un paradis.

Le *Śiva Purāṇa* raconte comment Dakṣa, le roi des êtres créés, se fâcha un jour avec le seigneur Śiva, son gendre. Dakṣa organisa alors un grand sacrifice auquel il invita tous les êtres importants de l'univers, à l'exception du seigneur Śiva.

Mortifiée par la conduite de son père, Sati, la compagne divine du seigneur Śiva, se rendit à la cérémonie et offrit son propre corps au feu sacrificiel.

La signification allégorique de ce récit est que le véritable sacrifice ne consiste pas à sacrifier du ghee ni aucune autre offrande, mais soi-même. Seul le « je » ou l'ego constitué représente le véritable sacrifice parce que seul l'ego est notre création et nous tient éloigné de Dieu. Lorsque je m'offre au monde, le monde entier prend soin de moi.

Amma elle-même dit, « Dieu, le miséricordieux, attend les bras ouverts de recevoir votre ego en offrande. Mais si vous refusez de le donner, il vous sera enlevé, car c'est seulement ainsi que vous serez heureux. »

Amma est le chirurgien divin qui nous libère de l'ego grâce à une habile chirurgie. Son amour maternel est l'anesthésie qui nous empêche de ressentir la douleur causée par son intervention ; autrement, l'amputation de l'ego est très douloureuse ! Amma arrache toutes les notions fausses enracinées en nous concernant le « moi », et nous révèle le véritable « Moi », qui est pure conscience, béatitude infinie, et éternellement libre.

C'est pourquoi nous appelons Amma « la spécialiste numéro un du « moi » en ce monde. Elle détruit le faux « moi » et révèle le « Moi » réel en nous. Elle ouvre en nous « l'œil » de la sagesse. Elle est donc également la meilleure oculiste au monde.

Le Charmeur de serpent

Un vieil érudit devait se rendre dans un lieu éloigné de chez lui afin d'y accomplir un travail. Comme il ne devait rentrer que le lendemain, son épouse lui prépara deux repas à emporter : un pour le déjeuner et un pour le dîner. Il les rangea dans sa besace, puis se mit en chemin. Vers midi, il atteignit le centre de la forêt. Il s'assit sous un arbre, ouvrit son sac, prit son déjeuner et le mangea. Après quoi, il referma son sac et poursuivit son voyage. Il atteignit sa destination bien plus tôt que prévu. Sitôt son travail achevé, il se remit vite en route, dans l'espoir de regagner son foyer le soir-même et de dîner chez lui.

Sur le chemin du retour, il rencontra un moine empreint de dignité qui le considéra avec gravité et dit, « Si tu rentres chez toi aujourd'hui, ton épouse mourra. Si tu ne rentres pas, c'est toi qui mourras. »

Le vieil érudit demeura muet sous l'effet du choc. Se fiant à la prophétie du moine et afin de sauver la vie de son épouse, il décida de ne pas rentrer chez lui. Résigné à la perspective d'une mort imminente, il marchait lentement et prudemment, lançant des regards dans toutes les directions, craignant à tout moment que quelque animal sauvage ne fonde sur lui.

Après avoir parcouru un assez long chemin, il rencontra un groupe de moines assis sous un arbre qui écoutaient un discours prononcé par leur guide, lequel n'était autre que le Bouddha !

Le vieil érudit se joignit au groupe et, dès la fin du discours, s'approcha du Bouddha. Après s'être prosterné devant lui, il lui rapporta sa rencontre avec le moine et le supplia de l'aider.

Le Bouddha sourit et dit, « J'ai très faim. As-tu quelque chose à manger ? » Mis en joie par cette requête, l'érudit attrapa sa besace d'une main, s'apprêtant à en sortir son dîner de l'autre. A cet instant, le Bouddha l'arrêta et lui demanda de lui tendre le sac. Le vieil homme obtempéra. Le Bouddha ouvrit tranquillement la besace, mis la main à l'intérieur et en retira un serpent, petit mais mortel.

En un éclair, l'érudit comprit ce qui était survenu : Lorsqu'il avait posé sa besace ouverte sur le sol après en avoir sorti son déjeuner, le serpent s'était faufilé à l'intérieur. Il avait donc tout du long transporté la mort sur ses épaules ! S'il était rentré chez lui, il aurait remis le sac à sa femme qui aurait été mordue dès l'instant où elle y aurait introduit la main pour en sortir son dîner.

S'il n'était pas rentré chez lui, le même sort se serait abattu sur lui ! Il comprit que sa bonne fortune l'avait mené jusqu'au Bouddha, et comment le maître éveillé et omniscient lui avait sauvé la vie. Il tomba à ses pieds et versa des larmes de joie et de dévotion.

Tout en traversant la forêt de la vie humaine, nous nous attendons à voir surgir des dangers de partout et nous efforçons d'être prudents et vigilants. Nous ne comprenons pas que nous transportons le danger le plus grand et le plus mortel qui soit, pour nous comme pour les êtres qui nous sont chers : le serpent empoisonné de notre ego. Mais nous serons sauvés si nous offrons le fardeau de notre mental au maître éveillé qui connaît notre passé, notre présent et notre futur.

Dans la main du Bouddha, le serpent venimeux devint inoffensif. Autour du cou du seigneur Śiva, le serpent dangereux est un ornement. Le seigneur Viṣṇu[1] repose paisiblement sur un énorme serpent. Et en présence d'Amma, le plus dangereux des serpents devient inoffensif ; notre ego devient silencieux.

Peu après mon arrivée à Amritapuri, un après-midi, quelques brahmacārīs étaient assis avec Amma devant le *kalari* (temple ancestral). L'un des brahmacārīs lisait à haute voix l'épisode du *Bhāgavatam* où le fils du sage Śamīka prononce une malédiction à l'encontre du roi Parīkṣit : il mourra suite à une morsure de serpent.

A la recherche d'eau, Parīkṣit assoiffé pénètre dans l'ermitage du sage Śamīka. Absorbé dans une profonde méditation, ce dernier n'entend pas la requête de Parīkṣit qui lui réclame de l'eau. Le roi se met en colère, ramasse un serpent mort gisant non loin de là et le place autour du cou du sage. Lorsque le fils du sage revient à la maison, il prononce une malédiction : que le responsable de ce méfait meure avant que sept jours ne s'écoulent.

Amma donna une belle explication de cette histoire. « Parīkṣit est l'être humain qui erre dans la forêt de la vie humaine, assoiffé de paix et de bonheur. Il pénètre dans l'ermitage du sage Śamīka et demande de l'eau, laquelle représente le savoir.

Comme le sage, plongé dans sa méditation, ne réagit pas, Parīkṣit perd patience et dépose un serpent mort autour du cou du sage. Le serpent mort est notre ego mort, que nous offrons à notre guru. » Donc, l'histoire du roi Parīkṣit est une métaphore concernant un individu errant en quête du bonheur et qui, ayant atteint la demeure du guru, atteint la paix totale, le bonheur et

[1] Dieu de la Conservation dans la trinité hindoue.

la liberté en renonçant à son ego. Amma, notre guru, élimine notre ego en souriant, de la même façon que Vāmana a éliminé celui de Mahābali.

Alors que Mahābali, empereur de la terre, est en train de diriger un rituel sacrificiel et de distribuer des présents, Vāmana, un petit garçon brahmane et une incarnation du seigneur Viṣṇu, s'approche de lui. Il demande alors au roi un morceau de terre, ce qu'il pourra parcourir en trois enjambées.

Amusé par cette requête apparemment insignifiante, le roi le presse de demander davantage. Vāmana s'en tient à sa requête et grandit soudain de façon extraordinaire. D'une première enjambée, il parcourt la terre et le ciel ; la deuxième l'emmène jusqu'aux enfers ; comme Vāmana n'a plus aucun autre territoire où effectuer sa troisième enjambée, Mahābali lui offre sa tête. Vāmana place son pied sur la tête du roi et le pousse jusqu'aux enfers. L'histoire parle d'abandonner notre orgueil, notre impression de maîtriser les événements, en bref, notre ego, car, en vérité, rien ne nous appartient, tout appartient à Dieu.

Une de mes expériences personnelles illustre la façon dont Amma oeuvre pour nous libérer de l'ego.

En 1987 ou 1988, je composai *'Pāvana Gangē Tāyē,'* un bhajan sur notre Mère Gangā, la personnification du fleuve Gange. J'en étais fier, car c'était le premier bhajan de notre āshram concernant Gangā. Lorsque je le montrai à Swāmi Turīyamṛtānanda, ce dernier m'indiqua quelques erreurs dans la composition. En mon for intérieur, j'eus le sentiment qu'il était un peu jaloux – c'est ainsi que fonctionne l'ego ! Peu de temps après, Amma, le guru miséricordieux, me délivra de mon ego lorsque Swāmi Turīyamṛtānanda écrivit sur Gangā un bhajan bien meilleur, *'Gangē Svargangē.'* Ce bhajan, une fois mis en musique et chanté par Swāmi Amṛtaswarupānanda, surpassa de très loin celui que j'avais écrit !

La Meilleure Offrande

Les dévots hindous ont coutume d'offrir des noix de coco dans les temples, pour plaire à Dieu. Il leur arrive de demander : « Combien de noix de coco dois-je offrir ? »

A cette question, Amma répond : *« Tēngayallā, makkaḷē, tēngal āṇu iśvaranu vēnḍatu! »* Mes enfants, Dieu ne veut pas de *tēngas* (des noix de coco), mais *tēngal* (intense désir). Dieu est satisfait lorsque nous avons de la dévotion et l'intense désir d'obtenir la vision de Dieu.

La meilleure offrande que nous puissions faire à Dieu, c'est la pire part de nous-même. Amma raconte une histoire qui illustre parfaitement ce point.

C'est celle de trois frères. Les deux premiers avaient reçu une bonne instruction, réussi leurs études et décroché un bon emploi, mais le cadet était un enfant gâté. Indifférent aux études, ivrogne, il fumait cigarette sur cigarette et avait de mauvaises fréquentations. L'anniversaire des soixante ans de leur mère approchant, les deux frères aînés revinrent de Dubaï chargés de présents somptueux. Pour la première fois, le cadet ressentit de la tristesse et se sentit coupable, car il n'avait rien à offrir à sa mère.

Le jour de l'anniversaire venu, les deux frères présentèrent à leur mère des cadeaux somptueux. Heureuse de recevoir ces présents, la mère était cependant triste pour le plus jeune de ses fils, son favori. A son tour, il s'avança vers sa mère, s'agenouilla devant elle, déposa à ses pieds un paquet de cigarettes et une bouteille d'alcool, et assura : « Maman, je te promets de ne plus jamais fumer ni boire. C'est mon cadeau d'anniversaire ! »

A ces mots, la mère versa des larmes de joie. Les deux aînés, qui avaient jusque-là répugné à aider leur cadet, irresponsable, à dénicher un emploi, lui en trouvèrent rapidement un.

En apprenant que c'est notre désir intense de le connaître qui plaît à Dieu, et non des offrandes de noix-de-coco, les avares pousseront peut-être un soupir de soulagement. Ils se diront qu'ils n'ont plus besoin de dépenser d'argent pour Dieu ou par charité. En réalité nous pouvons offrir à Dieu à la fois *tēnga* et *tēngal* – c'est l'attitude idéale.

Le fait d'offrir une noix de coco est de plus symbolique. La coque représente le corps, la chair à l'intérieur de la noix représente l'esprit, et l'eau de coco, l'ego ou *jīva*.

L'action de verser de l'eau de coco sur l'idole du temple, *Abhiṣēkam* (bain cérémonial), symbolise l'union du *jīva* avec le Seigneur, le *Paramātma* (Soi Suprême). En outre, et de même que la noix de coco renferme en elle l'arbre non manifesté, le Seigneur est présent en chacun de nous sous une forme non-manifestée :

> *parēṇa nākam nihitam guhāyām*
> Plus haut qu'au paradis, installé dans la grotte du cœur.
>
> Kaivalyōpaniṣad, 1.1.3

Des mahatmas tels qu'Amma nous aident à découvrir le Divin en nous.

Bien sûr, le meilleur cadeau pour Amma n'est pas systématiquement la pire part de nous-même. « En offrande à Amma, je vais réciter tel nombre de fois le *Sahasranāma* (litanie sacrée des mille noms) ; en offrande à Amma, je vais réciter tel nombre de fois mon mantra. »

Prendre ce genre de résolutions et s'y tenir est également une offrande idéale. Dès lors que la ferveur, *tēngal*, est là, Amma acceptera *tēnga*, ou n'importe quel autre présent. N'importe quel cadeau offert avec dévotion devient une offrande sacrée. Toute action accomplie dans le souvenir de Dieu est une prière ou une adoration.

En fait, Amma est déjà *pūrna* (plénitude). Que pourrions-nous donc bien lui offrir ? L'autre question est, que possédons-nous réellement pour le lui offrir ? Dēvakī, la mère de Kṛṣṇa, demanda un jour au Seigneur pourquoi Il avait créé la souffrance. Il répondit, « Mère, si tu me demandes pourquoi j'ai créé les êtres humains, les animaux, les oiseaux, les plantes et les arbres, je pourrai te répondre.

Si tu me demandes pourquoi j'ai créé les innombrables planètes, les étoiles et les galaxies, je pourrai te le dire. Mais si tu me demandes pourquoi j'ai créé la souffrance, je ne peux pas te répondre, parce que la souffrance n'est pas ma création. C'est la création de chacun. » C'est l'ego qui crée la souffrance. Donc, la seule chose que nous pouvons considérer comme nôtre est l'ego. C'est uniquement cela que nous pouvons offrir à Amma.

Le Guru Corbeau

Lors d'un récent tour de l'Inde, Amma demanda : « A quel moment le corbeau devint-il un guru pour Garuda, l'aigle ? »

Le dialogue entre Garuḍa, le véhicule du Seigneur Viṣṇu, et un saint ayant la forme d'un corbeau ('Kāka Bhuśuṇḍi') apparaît dans l'Uttara Khaṇḍa du *Rāmcaritmanas*. Garuḍa était devenu très fier de sa force. Il pensait : « Le Seigneur Viṣṇu soutient toute la création, et c'est moi qui porte sur mon dos le Seigneur en personne ! » Lorsqu'un individu s'enorgueillit, son esprit et sa vision s'obscurcissent.

Au cours de la guerre qui opposa l'armée de Rāma à celle de Rāvana, Indrajit lança le puissant *nāgastra* (missile surnaturel constitué de serpents), qui entrava Rāma et Lakṣmaṇa et leur fit perdre conscience. Indra et les autres dieux demandèrent à Garuda de neutraliser l'effet du nāgastra, et Garuda délivra Rāma et Lakṣmaṇa en un éclair.

Mais, un doute surgit alors dans son esprit. Ayant vu le Seigneur Rāma gisant au sol, impuissant, il se demanda comment ce dernier pouvait être une incarnation du Seigneur Viṣṇu. La seule cause de cette confusion était l'illusion engendrée par son orgueil.

Garuda vola jusqu'à la demeure du Seigneur Śiva et le pria de le délivrer du doute qui l'habitait. Le Seigneur, détectant aussitôt la cause de l'illusion dont Garuda était victime, lui dit : « Je suis occupé. Va voir Kāka Bhuśuṇḍi, il te délivrera de ton doute. »

Garuda se rendit auprès de Kāka Bhuśuṇḍi, un grand sage et un dévot du Seigneur Rāma, qui avait la forme d'un corbeau.

Parmi les oiseaux, le corbeau est considéré comme inférieur ; on le nomme « l'oiseau charognard. » Mais, Garuda avait compris son erreur et bien qu'il fût le roi des oiseaux, il s'assit humblement devant le corbeau afin de connaître la véritable nature de Srī Rāma.

Kāka Bhuśuṇḍi lui narra alors sa propre expérience. Il lui expliqua qu'il s'était lui aussi jadis demandé qui était réellement Śrī Rāma. Ce doute à l'esprit, il avait volé jusqu'au palais de Daśaratha, le père de Rāma. Une fois là, il avait arraché de la main du petit Rāma, alors âgé d'un an, le morceau de pain qu'il mangeait. Le pain serré dans son bec, Kāka Bhuśuṇḍi était allé se percher sur la branche d'un arbre. Il avait été aussitôt surpris de découvrir l'enfant Rāma debout à ses côtés, ses petites mains tendues vers lui et réclamant son morceau de pain en pleurant.

Kāka Bhuśuṇḍi avait ensuite volé de la terre *(bhuh)* jusqu'aux mondes plus élevés - *bhuvaḥ* (monde des ancêtres) et *suvaḥ* (monde des dieux). A sa plus grande stupeur, l'enfant Rāma avait continué à le suivre et à pleurer en réclamant son morceau de pain.

Kāka Bhuśuṇḍi avait volé jusqu'à des royaumes plus élevés encore : *mahar lōka, janaḥ lōka, tapaḥ lōka* et finalement, *satya lōka*, le plus élevé des mondes et la demeure du Seigneur Brahma, le créateur de l'univers. Mais l'enfant Rāma l'avait encore suivi jusque-là, pleurant toujours pour récupérer son bien !

Kāka Bhuśuṇḍi avait alors compris que Śrī Rāma n'était autre que le Seigneur Viṣṇu en personne, qui imprègne tout l'univers, et il l'avait supplié de lui révéler sa forme divine. Dans sa grande compassion, Rāma avait accordé sa grâce à Kāka Bhuśuṇḍi, et accédé à sa prière.

Rempli d'humilité, Garuda remercia Kāka Bhuśuṇḍi, suite à quoi ils chantèrent ensemble les louanges de Śrī Rāma. Le cœur débordant de joie et de paix, Garuda repartit en volant vers Vaikuṇṭha, la demeure du Seigneur Viṣṇu.

Nous avons un jour regardé avec Amma un épisode télévisé évoquant ce passage du *Rāmcaritmanas*.

Une autre fois, le Seigneur Viṣṇu envoya Garuda chercher Hanumān - le plus grand dévot du Seigneur Rāma - à Kishkindha. Garuda vola aussitôt jusque-là. Lorsqu'il se présenta devant Hanuman et lui transmit la requête du Seigneur Viṣṇu. Hanumān affirma ignorer son existence, décrétant que le Seigneur Rāma était son unique refuge.

Comme Garuda menaçait de l'emmener de force, Hanumān le mit au défi d'y parvenir. Garuda essaya de toutes ses forces mais en dépit de toute sa puissance, il fut incapable de soulever Hanumān, fût-ce d'un centimètre. Hanumān enroula alors sa queue autour de Garuda et le projeta violemment à plusieurs kilomètres de là. Garuda retourna auprès du Seigneur Viṣṇu, l'ego certes blessé mais plus sage. Si Garuda, le véhicule choisi par le Seigneur, put un jour être en proie à l'orgueil, il va sans dire que de simples mortels comme nous risquent d'y être sujets.

Diriger avec humilité

Les épopées indiennes contiennent de nombreuses histoires de grands rois qui furent aimés et admirés pour leur noblesse et pour leur compassion envers leurs sujets.

Selon les Écritures,

rājānam rāṣtrajam pāpam
rājapāpam purohitam
bhartāram strīkítam pāpam
śiṣyapāpam gurum vrajēt

Le roi est responsable des erreurs de ses sujets,
le guru de celles commises par le roi,
l'époux, de celles de l'épouse,
et le guru, de celles du disciple.

Cela signifie que le roi, le guru et l'époux devraient pratiquer eux-mêmes la vertu. C'est uniquement ainsi qu'ils obtiendront de leurs sujets, de leurs disciples et de leur épouse qu'ils empruntent le chemin de la vertu.

De tous les devoirs qui incombent aux êtres humains, ceux du roi ou du dirigeant sont les plus difficiles à remplir. Occuper une position élevée, contrôler gouverner tout le monde *et* demeurer humble et désintéressé est extrêmement difficile pour des gens ordinaires. Il est donc vital à cet égard qu'ils soient guidés par un satguru.

L'histoire du roi Nahuṣa dans le Mahābhārata illustre de quelle façon l'homme le plus noble, une fois parvenu à de hautes positions, peut chuter sous l'effet du pouvoir de Maya. Ce roi était le dirigeant le plus humble et le plus vertueux de son temps.

Au vu de ces qualités, il fut invité à diriger *Dēvalōka* (le monde des dieux) lorsqu'Indra, le roi qui y présidait, fut banni à la suite d'une malédiction encourue à cause de ses mauvaises actions.

Au début, le roi Nahuṣa dirigea Dēvalōka avec humilité et droiture, mais le temps passant, son ego prit le dessus. Il désira la chaste épouse d'Indra. Lorsqu'il lui fit sa demande, Indrana se trouva confrontée à un dilemme. Elle demanda conseil au guru céleste, Bṛhaspati, qui lui suggéra d'inviter Nahuṣa à venir jusqu'à son palais dans un palanquin porté par les Sept illustres Ṛṣis.[2]

Aveuglé par le désir, Nahuṣa ordonna aux Ṛṣis de porter son palanquin. Ces derniers accédèrent à sa requête, mais l'un des sages, Agastya, était de petite taille et ne parvenait pas à soutenir l'allure des six autres Ṛṣis. Le palanquin ne cessait donc de bringuebaler en tous sens.

Irrité, Nahuṣa décocha plusieurs coups de pied au sage Agastya, tout en criant *« Sarpa ! Sarpa ! «* (Plus vite ! Plus vite !). Le sage Agastya perdit patience et maudit Nahuṣa en ces termes, *« Sarpō bhava! » « Puisses-tu te muer en serpent ! »* (Le mot « sarpa » possédait ces deux significations.) Nahuṣa tomba, la tête la première, du paradis jusqu'à la terre et dût ensuite vivre très longtemps au beau milieu d'une forêt jusqu'à ce que les Pāṇḍavas l'aident à atteindre la libération.

Il y a quelque temps, j'ai lu un article sur des dirigeants politiques qui désiraient se placer sous la direction spirituelle de maîtres spirituels. Cette quête est hautement souhaitable, car seuls des chefs spirituels comme Amma peuvent inspirer

[2] Les sept sages les plus révérés.

à des dirigeants politiques le désir de mener une vie de service désintéressé et leur en insuffler la force.

Un magnifique verset composé par Adi Śankarācārya dit dans l'un de ses vers,

« Nṛpālimauli-vrajaratnakānti-saridvirājad-jhaṣa-kanyakābhyām ».

Il décrit ainsi les pieds du Satguru avançant entre deux rangées de rois. Les pierres précieuses des couronnes des rois se prosternant devant le guru créent un faisceau lumineux dans lequel les pieds du guru se déplacent comme deux poissons évoluant dans une rivière de lumière.

Bien qu'Amma dirige de nombreuses institutions, elle est la personnification même du service désintéressé, de la justice, de l'humilité et de la simplicité. Abraham Lincoln, le seizième président des États-Unis, est un autre exemple d'humilité. Il prit un jour la décision de déplacer un bataillon militaire d'un point stratégique à un autre, décision qui s'avéra être une grave erreur.

Edwin Stanton, le très expérimenté Secrétaire à la Guerre, et un homme au franc-parler, fit cette remarque, « C'est une erreur fatale. Lincoln est un imbécile. »

Ceux qui jalousaient Stanton, profitant de cette occasion pour lui nuire, rapportèrent ses propos à Lincoln. Abraham Lincoln garda le silence un moment, avant de demander avec le plus grand sérieux, « Stanton m'a traité d'imbécile ? » Comme les autres opinaient de la tête, il conclut calmement, « Alors, j'en suis certainement un ! »

Il convient de noter que des guides spirituels tels qu'Amma n'accordent jamais leur grâce sous la forme d'honneurs ou de distinctions, de pouvoir et de victoire à ceux qui ne le méritent pas.

La reine Gāndhārī, mère des Kauravas, avait acquis par sa chasteté et sa pureté, des pouvoirs phénoménaux. Lorsque Duryōdhana, l'aîné des Kauravas, vint à elle afin d'obtenir sa bénédiction, elle le bénit en disant, *"Yaśasvī bhava"* (puisses-tu devenir célèbre). Duryōdhana la pria de lui accorder la victoire, mais Gāndhārī refusa catégoriquement, en affirmant qu'elle ne pouvait pas lui accorder une faveur qu'il ne méritait pas, car il était beaucoup trop injuste et égoïste.

Le Cygne divin

Un saint était assis devant son humble demeure, observant le ciel. Une tempête approchait à vive allure. Une colonie d'oiseaux perchés sur un arbre piaillait nerveusement. Le saint leur ouvrit en grand la porte de sa grange afin qu'ils puissent se réfugier dans ce sanctuaire et soient en sécurité en lieu sûr. Malheureusement, les oiseaux ne remarquèrent pas son geste, ou ils n'en saisirent pas le sens. Grâce à ses pouvoirs divins, le saint prit alors la forme d'un oiseau, vola jusqu'au groupe perché dans l'arbre et, se mêlant à eux, les guida à l'intérieur de l'étable. Il les sauva ainsi de la fureur des éléments.

C'est ce que fait l'Être suprême, sous la forme d'un Avatār, d'une Incarnation. Sachant que les êtres humains sont pris dans le cyclone de la naissance, de la souffrance et de la mort, il vient parmi eux, souvent sous la forme d'un être humain. Il leur fait voir et comprendre la nécessité de se réfugier en « lieu sûr » dans sa demeure céleste, et les guide jusque-là.

Parmi les nombreux Avatārs, Viṣṇu, Rāma et Kṛṣṇa sont les plus célèbres parce qu'ils ont pris la forme d'êtres humains. Ils se sont comportés comme des êtres humains, appréciant les joies et endurant les souffrances de la vie sur terre. Et ils ont enseigné aux humains la précieuse leçon du détachement, issue de la connaissance et de la sagesse véritables – en d'autres termes, comment être libre *dans* l'action et non libéré *de* l'action.

Nous comparons Rāma et Kṛṣṇa à des lotus pour deux raisons. La première réside dans leur beauté. La deuxième, dans le fait qu'ils demeurent non-affectés par le monde qui les entoure, pareils aux lotus qui émergent, purs et intacts, des eaux sales.

N'est-ce pas là la leçon que nous enseignent non seulement les Avatārs, mais toutes les âmes qui ont réalisé Dieu ? N'est-ce pas la leçon qu'Amma, le *Premavatār* (Incarnation de l'Amour), nous enseigne également ? Dans le *Rāmcaritmanas,* Tulsīdās dit : « Dieu a créé cet univers, constitué d'êtres animés et inanimés, en mélangeant le bien et le mal. Les « cygnes », sous la forme de saints, savent séparer le lait du bien de l'eau du mal ; ils choisissent le permanent, le conscient et le sensible, et rejettent l'impermanent et l'inerte. »

Un disciple demanda un jour à son guru de lui accorder des *siddhis* (pouvoir miraculeux) tels que marcher sur l'eau, demeurer longtemps en immersion et voler. Le guru se moqua de lui, en répliquant que les poissons et les oiseaux étaient capables d'accomplir ces « prouesses ». « Le plus grand siddhi, » enseigna le guru, « est de demeurer dans le monde sans en être affecté. »

Amma, la *Jñanavatār,* (Incarnation de la Sagesse), ne fait-elle pas la démonstration de ce siddhi ? Elle nous enseigne que la véritable liberté, née de la sagesse, ne consiste pas à fuir les problèmes et les défis auxquels la vie nous confronte, mais à y faire face et à accepter la victoire ou la défaite avec équanimité.

Une histoire me revient à l'esprit. Un guru était assis devant sa hutte, face à l'entrée principale de son ashram. Il vit alors un de ses disciples, un chercheur spirituel très instruit qui s'adonnait à d'intenses austérités, pousser quelqu'un hors de l'ashram ; il s'agissait d'un homme qui avait l'habitude de boire et de s'enivrer.

Lorsque le disciple revint, le guru lui demanda pourquoi il avait expulsé cet homme de l'ashram. « Guruji, il empestait l'alcool ! » répliqua le disciple. « Je crois qu'il est saoul. Nous ne devons pas autoriser les ivrognes à pénétrer dans notre ashram. »

« Oh, je vois, » répliqua le guru. « Mais il règne ici une pestilence encore plus nauséabonde que l'odeur de l'alcool dégagée par cet homme ! »

« Laquelle, Guruji ? » s'étonna le disciple.

« Celle de ton ego ! » rétorqua le guru. « Il empuantit l'air bien davantage que l'alcool consommé par cet homme. Ce malheureux, ayant pris conscience de sa faiblesse, venait ici en quête de réconfort et dans l'espoir de se réformer. Mais tu le juges impur et tu te considères comme pur. Si tu te considères comme supérieur aux autres du fait de tes connaissances et des austérités que tu pratiques, tu as perdu ton temps dans cet ashram »

Dans les *Śiva Purāṇa,* le Seigneur Śiva explique à son épouse Pārvatī : « Il existe différents types d'ego : ego engendré par la force physique, le pouvoir politique, la fortune et ainsi de suite. Mais le plus puissant de tous, le plus difficile à détruire, est l'ego engendré par l'érudition et la pratique des austérités. Les gens habités par ce genre d'ego pensent, « Je sais énormément de choses, je possède de grandes connaissances » ou, « j'ai pratiqué de grandes austérités. »

Seul le guru peut créer des situations qui nous font prendre conscience de notre ego. C'est uniquement en présence d'un guru, d'un maître éclairé, que nous pouvons acquérir la connaissance, pratiquer des austérités, être au service des autres, et récolter les fruits de ces trois actions : la pureté de l'esprit et l'humilité.

La dévotion envers notre guru et la conscience du but ultime de l'existence humaine sont les motivations qui nous incitent à abandonner notre ego aux pieds du maître. Lorsqu'il disparaît, nous devenons légers et pouvons nous élever avec le guru jusqu'à sa demeure céleste.

Cercles vertueux

Dieu s'incarne sur terre et vit parmi nous comme un être humain ordinaire. Mais Sa présence est une bénédiction extraordinaire. Me viennent à l'esprit quelques vers du bhajan « *Kṛṣṇam Kalaya Sakhi Sundaram* » :

anganām anganām, antarē mādhavō,
mādhavam mādhavam, cāntarēṇānganā

Ce qui est décrit ici est la *rāsa līlā*, la danse mystique du Seigneur Kṛṣṇa et des gōpīs de Vṛndāvan. Chacune des gōpīs dansait avec Kṛṣṇa qui apparaissait aux côtés de chaque gōpīs. Nous pourrions penser : « Quelle bénédiction ! Comme les gōpīs avaient de la chance ! » Nous sommes tout aussi bénis car nous avons Amma avec nous, qui nous fait danser en certaines occasions festives comme *Ōṇam* et *Kṛṣṇa Jayantī.* Sa seule forme enchanteresse suffit à nous faire danser en une extase divine.

Ceci me ramène en 1986, l'année où je vins vivre à l'ashram. Imaginez un lac avec à sa surface un grand lotus blanc pleinement épanoui, entouré de quelques autres lotus blancs. C'est la vision qui s'offrit à moi : Amma, dans son sari blanc immaculé, entourée de ses enfants également vêtus de blanc, formant un petit cercle divin. Seul le son du vent et des vagues troublait le silence. J'avais alors pensé, « Les gens parlent de cercles vicieux ; ils n'ont jamais vu de cercles précieux, vertueux, et en voici un ! » En son centre se tenait Sudhāmaṇī,[3] le joyau (*maṇi*) de nectar divin (*sudhā*).

[3] Le prénom donné à Amma par ses parents.

D'autres cercles précieux, vertueux, ont existé, tel celui formé par les gōpīs autour de Śrī Kṛṣṇa et celui des *vānaras* (singes) autour de Sri Rāma. La *Guru Gītā* en évoque un autre : celui représenté par le Seigneur Śiva, Pārvatī et leurs deux fils, Gaṇēśa et Muruga. Cette famille divine réside sur les magnifiques sommets du mont Kailāś, dans l'Himalaya. Là, le cobra enroulé autour du cou de Śiva et la souris, le véhicule (*vāhana)* du Seigneur Gaṇēśa, vivent en paix. Le cobra n'a pas peur du paon, le véhicule de Muruga. Nandi, le taureau, véhicule de Śiva, n'a pas non plus peur du véhicule de Durgā, le lion. C'est un cercle divin, un cercle précieux, vertueux.

Lorsque Rāvaṇa, dévôt de Śiva, visita le mont Kailāś, il était le mauvais parmi les bons « le vicieux parmi les vertueux. »

A l'inverse, lorsqu'Hanumān se présenta au palais de Rāvaṇa, son arrivée fit de lui « le vertueux parmi les vicieux. » Vibhīṣaṇa, le jeune frère de Rāvaṇa, était lui aussi tel une rose parmi les épines. A Hastinapura, le cercle vicieux formé par les frères Kaurava incluait Bhīsma, Drōṇa et Vidura, êtres vertueux parmi les vicieux. Inversement, le cercle vertueux constitué par le Seigneur Kṛṣṇa et les Pāṇḍavas incluait Drupada, dont la seule préoccupation était de tuer Drōṇa.

Se trouver en la présence d'un être divin est certainement une grande bénédiction, mais ce que nous pensons en sa présence est tout aussi important. Alors que Drupada se trouvait en la présence divine de Kṛṣṇa et des Pāṇḍavas, son cœur était empli de haine. Comment aurait-il pu alors bénéficier de la présence divine du Seigneur ?

Les gardiens des portes de Vaikuṇṭha, les frères Jaya et Vijaya, avaient développé un tel ego qu'ils ne laissèrent pas les quatre sages entrer dans la demeure du Seigneur. Ils furent alors frappés de malédiction et condamnés à renaître sur terre sous la forme de rākṣasas (démons).

Nāmadēv finit par s'enorgueillir du fait que Śrī Kṛṣṇa venait jouer avec lui. Un jour, le saint Jñānēśvar, Nivṛttināth et Sōpān, ses frères cadets, ainsi que sa jeune sœur, Muktābāī, visitèrent le temple de Viṭhala. Les dévots avaient coutume de toucher les pieds de Nāmadēv en signe de révérence. Jñānēśvar et sa fratrie n'en firent rien, ce qui déplut à Nāmadēv. Jñānēśvar créa alors une situation visant à éliminer l'ego de Nāmadēv.

Lors d'un rassemblement de mahatmas, Jñānēśvar demanda à Gora, le potier, considéré comme le plus grand d'entre eux spirituellement, de tapoter les têtes des mahatmas afin de savoir si celles-ci étaient tout à fait « cuites » (spirituellement matures). C'est ce que font les potiers – tapoter la surface des pots qu'ils fabriquent – afin de déterminer s'ils sont cuits correctement. Après avoir procédé à ce test, Gora déclara que toutes les têtes étaient cuites parfaitement, sauf celle de Nāmadēv.

Humilié, Nāmadēv se plaignit à Śrī Kṛṣṇa. Le Seigneur répondit, « Gora a dit vrai. Tu es immature parce que tu ne me vois que sous cette forme, alors que Gora me voit partout, sous toutes les formes. »

Va au village d'Auṇḍhya Nāgnāth. Là, tu trouveras ton guru, Viśōbā Khēcar, qui te donnera la véritable connaissance à mon sujet !

Une fois sur place, Nāmadēv se rendit au temple de Śiva, où il vit un vieil homme étendu sur le sol, les pieds posés sur le Śiva Linga.[4] Outré au spectacle de cet acte blasphématoire, Nāmadēv s'écria, « Vieil homme, comment oses-tu poser tes pieds sur le Śiva Linga ? Ôte-les immédiatement ! »

« Je suis vieux et faible, » répliqua Viśōbā Khēcar. « S'il te plaît, ôte-toi-même mes pieds du linga et pose-les autre part. » Nāmadēv le fit, mais à sa plus grande surprise, un autre linga émergea du sol pour soutenir les pieds de Viśōbā.

Quel que soit l'endroit où Nāmadēv posait les pieds de Viśōbā, ils ne restaient jamais au sol, parce qu'un linga apparaissait pour les soutenir. Comprenant que ce vieil homme était le guru indiqué par Kṛṣṇa, Nāmadēv le pria de lui pardonner. Il capitula aux pieds de son guru et, l'instant d'après, il reçut la vision universelle du Seigneur Kṛṣṇa.

De nombreuses années plus tard, lorsque Nāmadēv fut sur le point de rendre l'âme, ses dévots lui demandèrent où il convenait d'ensevelir son corps.

Avec des larmes de joie, Nāmadēv répondit, « Placez mon corps sous les marches du temple qui mènent au Seigneur Viṭhala. Puissent Ses chers dévots toucher ma tête de leurs pieds et ainsi me sanctifier !

Prions Amma de nous transformer à l'instar du saint Nāmadēv. Plus nous sommes près d'Amma, plus nous devenons humbles, à la condition que nous adoptions l'attitude juste.

---

[4] Littéralement, « marque de Śiva. » L'icône la plus répandue du Seigneur Śiva, qui se trouve dans la plupart des temples de Śiva. Elle est de forme ovale et habituellement posée sur une base circulaire.

C'est le véritable *satsang.*[5] Amma est comme du feu, et nous, comme du bois humide.

Quand le bois humide est conservé près du feu, il sèche rapidement et finit par prendre feu. De même, plus nous sommes proches d'Amma, plus nous développons des qualités divines telles que l'humilité, la compassion et la patience.

Pendant de nombreuses années, Amma me demanda de dispenser des cours sur le Vēdānta aux résidents de l'ashram. J'avais le sentiment qu'il y avait à l'ashram bon nombre de swāmis plus confirmés que moi et plus instruits. De même, j'ai accompagné Amma à l'harmonium pendant les bhajans plusieurs années durant. Un jour, pendant l'enregistrement de *"Bhōlānathā Rē"*, je remarquai la virtuosité et la beauté avec laquelle le joueur d'harmonium jouait l'interlude musical. J'étais incapable de jouer ainsi !

Je songeai, « Je ne suis pas un joueur accompli et pourtant, Amma a fait de moi un de ses musiciens ! » Puissent ceux qui restent toujours auprès d'Amma demeurer humbles. A l'instant où je pense, « Je suis le musicien d'Amma, je suis quelqu'un de spécial, » mon être est rabaissé par mon orgueil. Quand je jouais de l'harmonium pour Amma, si une pensée vagabonde me traversait l'esprit durant les bhajans, Amma me donnait un petit coup de sa baguette sur la main ou sur la tête, me rappelant ainsi de rester concentré sur elle. Pendant qu'Amma donne le darshan, certains dévots accomplissent le

[5] Etre en communion avec la Vérité suprême. Également, être en compagnie de mahatmas, étudier les Écritures, écouter un discours spirituel ou une discussion spirituelle, et participer en groupe à des pratiques spirituelles.

rite de la circumambulation, mais ils bavardent tout du long. Leur corps tourne autour du hall de façon rituelle, mais leur esprit est ailleurs.

« Manasā ēva idam āptavyam. Cette vérité doit être atteinte par l'esprit seul, » déclare la *Kaṭhōpaniṣad* (2.4.11). On peut toujours se rendre au temple chaque jour, ou accomplir chaque mois un pèlerinage, si l'esprit ne demeure pas en Dieu, on progressera peu.

Quelqu'un me dit un jour, « J'ai récité le *Gāyatrī* mantra[6] cinquante *lākh* (cinq millions) de fois ! » Très bien, mais nous ne devrions jamais en tirer orgueil ! Puisse l'esprit devenir de plus en plus humble à chaque répétition du mantra. Amma dit : « Je peux tout tolérer en ce monde, mais pas l'ego ! » L'orgueil nous éloigne de Dieu. Un esprit pur, constamment occupé par Dieu, se fond en lui.

Les personnes qui travaillent en petits groupes, dans un bureau ou au sein d'autres organismes, risquent de s'attacher à ces petits groupes, de s'en retrouver prisonniers. Dans la vie spirituelle, ce type d'attachement peut entraver l'évolution. Certains aspirants refusent de sortir de leur petit cercle ; ils n'autorisent personne à y entrer non plus ! N'oublions pas qu'une petite mare d'eau stagnante devient un foyer de reproduction pour les crapauds et les moustiques ! Efforçons-nous plutôt d'être comme le lac vaste et sacré Mānasarōvar. En accueillant avec respect l'apport et la contribution des autres, nous favorisons l'expansion de notre être.

Certains dirigeants cherchent à faire de leurs communautés des compartiments hermétiques, en d'autres termes, des

[6] Mantra védique invoquant Sāvitrī, une déité solaire.

cercles vicieux, alors que des guides spirituels comme Amma étreignent tout le monde. La jeunesse actuelle se retrouve souvent emprisonnée dans des cercles vicieux. Amma transforme ces jeunes-gens en leur faisant prendre conscience du Divin en eux. Elle les aide à comprendre la différence entre ce qui leur semble délicieux et ce qui est réellement nourrissant afin que, progressivement, ils abandonnent ce qui paraît délicieux et choisissent ce qui les nourrit vraiment. Comme le disait l'écrivain français Pascal : « Tout le monde visible n'est qu'un trait imperceptible dans l'ample sein de la nature. Nulle idée n'en approche, nous avons beau enfler nos conceptions au delà des espaces imaginables, nous n'enfantons que des atomes au prix de la réalité des choses. C'est une sphère infinie dont le centre est partout et la circonférence nulle part. »

Le cercle d'Amma est bien « un cercle dont le centre est partout et la circonférence, nulle part ! »

Le travail d'un chercheur spirituel

Un Maître vivant

Dans une précédente incarnation, le Bouddha avait été roi. Même alors, son attirance pour la spiritualité était si forte qu'il décida de renoncer à son royaume et embrassa le sanyāsa (renoncement au monde). Son épouse, une femme d'une beauté prodigieuse, voulut le suivre dans la forêt. Le roi refusa tout d'abord, affirmant qu'elle ne pourrait pas s'adapter au dur environnement de la jungle.

Mais la reine était déterminée. Elle se rasa la tête et revêtit les tenues simples d'une moniale. Le roi céda. Le couple voyagea loin du royaume et s'enfonça au cœur d'une forêt. Là, ils menèrent une existence austère, pratiquant une discipline spirituelle stricte.

Le monarque d'un royaume voisin passa un jour par là, monté sur son cheval. Repérant le couple, il fut fasciné par la grande beauté de la femme, au point qu'il décida aussitôt de l'enlever. Cependant, il hésita, s'interrogeant sur l'homme qui était à ses côtés : et s'il s'agissait d'un mahātmā investi de grands pouvoirs ? Il préféra en apprendre davantage à son sujet.

S'avançant vers le roi devenu moine, il lui annonça hardiment ses intentions. Ce dernier demeura imperturbable et répondit : « Je ne laisserai pas mon ennemi triompher de moi. »

Le roi ne saisit pas la portée de ces paroles. Il ordonna donc malgré tout à ses soldats de s'emparer de la femme et de l'installer de force sur son cheval.

Même alors, le moine ne réagit pas. Le roi s'étonna, « N'allez-vous pas tenter de sauver votre femme ? »

« Je ne laisserai pas mon ennemi triompher de moi. »

Perplexe, le roi demanda au moine le sens de ces paroles. Le moine expliqua : « Au moment où vos soldats se sont emparés de ma femme, j'ai senti la rage bouillonner en moi. Mais je n'ai pas laissé cette émotion négative me submerger. Les émotions, les pensées et les sentiments négatifs sont nos véritables ennemis. Celui qui a le pouvoir de les contrôler est réellement puissant. »

Le roi comprit qu'il se trouvait en effet en présence d'un mahātmā. Il se prosterna devant le moine et implora son pardon.

Il offrit ensuite humblement les services de quelques-uns de ses soldats afin de protéger l'épouse du moine de tout danger futur.

La grandeur d'individus tels que le moine réside dans leur maîtrise totale de leur propre esprit, et non pas dans leur pouvoir sur les autres. Amma nous prodigue fréquemment ce conseil : « Mes enfants, gardons bien en main la télécommande de notre esprit. » Elle compare également le mental à un véhicule qui doit posséder de bons freins, faute de quoi il risque d'être victime d'une collision. Celui dont l'esprit est équipé de bons freins ou qui a en mains la télécommande de son esprit jouit d'une paix ininterrompue, quelle que soit la situation extérieure. Pour la plupart d'entre nous, Amma incarne le modèle idéal d'un tel contrôle de soi.

C'est peut-être pourquoi, lorsqu'Amma demanda, « Quel est le moyen de demeurer en paix, que nous soyons seul ou au milieu d'une foule ? » un de ses enfants américains répondit spontanément : « En voyant tout avec les yeux d'Amma ; tu acceptes tout et ne rejettes rien ! »

Il prononça « Amma » comme « Āma, » en appuyant sur la première voyelle. En malayalam, « āma » signifie « tortue ». Par association d'idées, je me souvins alors d'un mantra du *Lalitā Sahasranāma* (Mille noms de la Mère divine) : *« Ōm kūrma priṣṭha jayiṣṇu prapadānvitāyai namaḥ" »*, « Salutations à Celle dont le cou de pied rivalise par sa douceur et sa beauté avec le dos d'une tortue » (43). Les pieds sacrés d'Amma sont une parfaite matérialisation de cette description. Selon les Écritures, une telle caractéristique représente la beauté.

Mais que signifie réellement le fait d'avoir des pieds qui évoquent la carapace d'une tortue ? Pour les anciens sages de l'Inde, la tortue est un symbole de la maîtrise de soi, c'est à dire, du retrait des sens du monde extérieur.

1. Au moindre signe de danger, la tortue rentre la tête et ses quatre membres dans sa solide carapace, qui lui fait office d'armure de protection. De même, un sādhak doit apprendre le retrait des cinq sens, dès lors que son calme intérieur est menacé par les sens. En apaisant ainsi l'esprit, nous pouvons mieux aiguiser son pouvoir de concentration sur un point unique et le détacher davantage des choses de ce monde. La pureté mentale qui s'ensuit accélère le progrès spirituel et confère des bénéfices matériels.

Ce principe est reflété dans le *dīpasthambham,* la structure verticale érigée devant les temples hindous. Cette structure étagée repose sur le dos de la représentation d'une tortue. Lorsque les mèches des lampes de tous les niveaux sont allumées, le *dīpasthambham* devient un éblouissant pilier de lumière, suggérant la splendeur spirituelle. Il symbolise la gloire et l'illumination qu'atteints celui qui a acquis la maîtrise de soi.

Cette victoire est en outre représentée par la sculpture qui trône au sommet du *dīpasthambham :* un taureau dans un temple de Śiva, un lion dans un temple de Durgā et un aigle dans un temple de Viṣṇu.

Comme ces animaux, bénis entre tous car ils sont porteurs de l'esprit divin, nos vies seront divinement bénies si nous acquérons la maîtrise de nous-même.

Cette idée est également exprimée dans la *Bhagavad Gītā,* lorsque Seigneur Kṛṣṇa affirme :

> *yadā samharate cāyam kūrmongānīva sarvaśaḥ*
> *indriyāṇindriyārthebhyastasya prajñā pratiṣṭhitā (2.58)*

> Le yōgi qui retire ses sens des objets des sens, comme la tortue opère le retrait de ses membres, est ancré dans la sagesse divine.

2. Essayez de soulever une tortue qui avance dans une direction particulière et de la reposer face à une autre direction : elle se tournera et continuera à progresser dans la première direction ; vous ne parviendrez pas à modifier sa trajectoire. De même, un sādhak doit toujours rester orienté vers son but, c'est-à-dire vers Dieu, en dépit de toutes les épreuves auxquelles il, ou elle, se trouve confronté.

3. La tortue a la réputation d'être lente et constante. A l'instar de la tortue, le chercheur spirituel doit s'efforcer d'être constant dans sa sādhana afin de progresser continuellement vers la libération ultime.

4. La tortue est amphibie, c'est-à-dire qu'elle peut vivre à la fois sur terre et dans l'eau. De façon similaire, un sādhak doit flotter à la surface des eaux de la vie mondaine jusqu'à ce

qu'il ou elle atteigne la terre du Suprême. Cela signifie, ne pas laisser le monde et l'appel de ses sirènes nous leurrer et nous éloigner de notre but spirituel.

5. La tortue femelle pond ses oeufs sur la plage, mais elle les couve depuis l'océan par le seul pouvoir de la pensée constante. De même, bien qu'il nage dans l'océan du monde, s'il demeure constamment avec Dieu par la pensée, un dévot s'éveille à la conscience divine.

Ce sont les quelques leçons que, par la grâce d'Amma, j'ai apprises de l'humble tortue.

L'humble tortue est élevée au rang divin dans le *Bhāgavatam*, qui fait la chronique des diverses incarnations du Seigneur Viṣṇu. Dans son incarnation en tant que tortue, à laquelle il est fait référence sous le nom de *kūrma avatār*, cette tortue divine soutint le mont Mandāra, que les dieux et les démons utilisèrent pour baratter l'océan de lait afin d'obtenir *amṛta* (nectar d'immortalité).

La signification de ce passage est que toute activité doit être fondée sur le contrôle de soi. Seule une personne désintéressée et qui possède la maîtrise d'elle-même peut réussir dans la vie spirituelle.

Lorsque nous nous prosternons devant Amma et que nous touchons ses pieds divins, prions-la de nous accorder la pureté et la concentration de l'esprit et de faire de celui-ci un véhicule adéquat pour progresser vers la prospérité, la paix, le bonheur et la liberté.

De la Vacuité à la Sainteté, et de la Sainteté à la Vacuité

Un saint contemporain a dit : « Toute âme est potentiellement divine. » Les Écritures soutiennent que lorsqu'une personne comprend l'impermanence de la vie dans le monde, elle se rapproche d'un guru et, le moment venu, atteint la connaissance du Soi.

L'ignorance est pardonnable, mais pas l'ignorance de sa propre ignorance. Le guru aide le disciple ou le dévot à comprendre qu'en fin de compte les réussites dans le monde ne sont pas de vraies réussites. Cette personne prend alors conscience du vide intérieur qui l'habite. Elle pourrait alors faire précéder son nom des initiales "S.V." - Sa Vacuité !

A ce stade, le guru prescrit des pratiques spirituelles telles que la récitation du mantra et la méditation. Finalement, l'esprit du disciple devient pur et il ou elle devient digne du titre honorifique : « Sa Sainteté ».

Si la récitation de mantras et la méditation ont un effet indubitablement purificateur, celui qui accomplit ces pratiques spirituelles, s'il n'est pas vigilant, peut tirer fierté de ses austérités. Viśvāmitra, un sage célèbre, a pu créer un second paradis grâce au pouvoir de ses austérités, mais il était encore prisonnier de son ego.

Le but des austérités est d'éliminer l'ego. Il n'est possible d'y parvenir qu'avec l'aide d'un guru qui fait voler en éclats l'aura de sainteté imaginaire du disciple. Ainsi, le disciple redevient vacuité. Cette fois, cependant, cette vacuité est positive, émergeant de la conscience que seul l'Être suprême est réel et que le « moi » n'est qu'apparent.

Comment peut-on être orgueilleux quand on sait que c'est la présence de l'Être suprême, à l'intérieur du corps, qui sous-tend les différents pouvoirs que l'on possède, comme l'intelligence et la force ? Cette vacuité permet au disciple de devenir comme une flûte entre les mains du Seigneur Kṛṣṇa. Le Seigneur produit une musique divine en soufflant dans Son instrument. Un tel disciple ne fait plus qu'un avec l'univers tout entier, et peut mériter d'être appelé : « Sa Plénitude ».

Inversement, comment quelqu'un peut-il souffrir d'un complexe d'infériorité en sachant que l'Être suprême est en lui, animant chacune de ses cellules et leur donnant vie ?

Amma efface à la fois les sentiments négatifs qui nous font penser, « Je ne suis bon à rien ! » et l'orgueil qui nous fait dire « Comme je suis pur, j'ai accompli tant d'austérités ! » Elle nous aide à atteindre la plénitude.

De l'A.B.C. à l'I.P.S.

Dans ma jeunesse, j'ai vu un film sur une femme d'une tribu rurale qui se rend à la ville pour la première fois. Là, elle voit un policier debout au milieu d'un carrefour, qui contrôle la circulation avec de grands gestes majestueux. La campagnarde, un peu nigaude, est impressionnée par le spectacle de l'agent de police apparemment doté d'un grand pouvoir. Tout en le regardant fixement, elle prend une résolution : « Quand mon fils sera grand, il deviendra lui aussi agent de la circulation ! »

Tous les spectateurs du film éclatèrent de rire devant la simplicité et la naïveté du personnage. Parmi l'assistance se trouvaient des parents accompagnés de leurs enfants. Eux aussi nourrissaient des espoirs et des aspirations concernant leurs enfants. Ces espoirs et ces aspirations étaient-ils tout aussi risibles ?

Une des étapes importantes de la vie d'un Hindou est *Akṣarabhyāsa,* une cérémonie au cours de laquelle un enfant est initié à l'apprentissage de la lecture. Le mot « *Akṣara* » a deux sens : « alphabet » et « impérissable ». Lorsque le guru nous initie à l'apprentissage de la lecture, il espère qu'au travers de cette connaissance, nous finirons par atteindre l'Impérissable, le Suprême.

En fait, Amma et les autres mahatmas affirment : *Tat tvam asi* (Tu es Cela). Pour le moment, nous aspirons peut-être à devenir riches comme Bill Gates. Quoi qu'il en soit, lorsque nous aurons atteint Cela, nous ne verrons aucune différence entre un PDG multimillionnaire et le policier qui contrôle la circulation avec des gestes grandioses.

Il n'y a aucun mal à avoir des aspirations ou des ambitions. Mais visons haut et visons bien. En Inde, dans l'univers de la police, il y a le S.P., le Chef de la Police. Dans la vie spirituelle, il y a le *Sat Puruṣa*, celui qui ne pense qu'au bien des autres. Et puis, il y a l'IPS, les Services de la Police Indienne, qui, au niveau spirituel, correspondent à *l'Infini Parāśaktī Service.* Les qualifications requises pour entrer dans les rangs de l'IPS sont l'Innocence, la Pureté et la Simplicité. En réalité, nous appartenons tous à l'IPS. Le plus haut grade est celui de *DGP* (Directeur Général de la Police). Dans le domaine de la spiritualité, c'est le Divin Guide vers la Paix. La personne qui occupe cette place n'est autre que notre bien-aimée Amma.

Un Satguru tel qu'Amma nous aide à utiliser le karma pour progresser spirituellement.

Amma a libéré de nombreuses personnes de leur dépendance servile à des objets de plaisir. Ces âmes bénies découvrent une nouvelle joie en la présence divine d'Amma. Celles qui étaient dépendantes de la drogue deviennent dépendantes de son étreinte. Nous savons uniquement comment nettoyer le corps, mais nos esprits ont également besoin d'un bain quotidien. L'étreinte d'Amma est un bain pour le corps et l'esprit. Elle les purifie, les rafraîchit et les énergétise tous deux.

Qu'un ours nous étreigne ou qu'un python s'enroule autour de nous, et c'en serait fini de nous ! Mais l'étreinte d'Amma nous revitalise, en nous mettant en contact direct avec le Divin. Le Seigneur Rāma étreignit joyeusement Hanumān lorsque celui-ci revint de Lanka après avoir retrouvé Sītā et offert à Rāvaṇa un avant-goût du pouvoir infini de Rāma.

Lorsque Kucēla (également connu sous le nom de Sudāma), l'ami d'enfance du Seigneur Kṛṣṇa lui rendit visite à Dvāraka, Kṛṣṇa l'étreignit. Et pour la première fois de son existence, les reines, ses épouses, et les courtisans virent des larmes dans ses yeux.

Dans le *Rāmāyana*, lorsque l'armée de Rāvaṇa, composée de *rakṣasas* (démons), sembla remporter la victoire sur l'armée des vānaras de Rāma, le sage Agastya apparut et conseilla à Rāma de lancer sur les deux armées le *mohana-astra,* une arme créatrice d'illusion. Grâce au pouvoir d'envoûtement de l'astra, tous les varanas et tous les rakshasas apparurent alors sous les traits du Seigneur Rāma.

Le champ de bataille était couvert d'innombrables formes du Seigneur Rāma ! Les rakṣasas, voyant leur ennemi juré partout autour d'eux, s'attaquèrent mutuellement et périrent tous sans exception.

Les vānaras, eux, se voyant entourés de toutes parts par leur bien aimé Seigneur, commencèrent à s'étreindre mutuellement et à se prosterner aux pieds de tous les autres !

Amma a étreint avec un enthousiasme égal l'ancien président Abdul Kalam, Narendra Modi et Vajpayee (respectivement ancien et actuel premiers ministres de l'Inde) ainsi que Dattan, le lépreux. C'est qu'elle perçoit le Divin en tout être.

Dans le *Rāmāyana*, Hanumān et Sugrīva se présentèrent tous deux devant le Seigneur Rāma, juste avant que ce dernier ne lance des recherches pour retrouver son épouse Sītā. Le Seigneur aurait pu charger Sugrīva de retrouver Sītā, car ce dernier connaissait lui aussi la douleur d'être séparé d'une épouse.

Mais Il préféra confier cette mission à Hanumān car la douleur que ressentait Sītā n'était pas celle d'une épouse séparée de son mari. C'étaient les sentiments d'un dévot séparé de son Seigneur. Hanumān comprenait cette souffrance. C'est pourquoi le Seigneur Rāma le choisit.

Dans le *Bhāgavata Katha*, c'est le sage Śukadēv, un *nitya-brahmacārī* (ayant fait vœu de célibat), qui raconte la rāsa līla. Que peut donc savoir un brahmacārī du sentiment amoureux et de l'acte d'amour ? Pourquoi le Seigneur a-t-il choisi Śukadēv au lieu de Kāmadēv, le Cupidon indien, pour narrer la rāsa līla ?

Parce que l'union de Kṛṣṇa et des gōpīs n'était pas une union physique mais l'union de *jīvātmas* (âmes individuelles) avec le Paramātma. Et parce que Śukadēv avait l'expérience de cette union mystique.

Les gens ont l'habitude de dire, « Je suis *tombé* amoureux... » Mais dans le véritable amour, il ne peut y avoir de chute. Quelqu'un peut tomber dans la luxure, s'abîmer dans la passion, l'engouement ou l'attachement, mais nous nous élevons dans l'amour véritable !

L'étreinte d'Amma unit Parāśaktī avec alpaśaktīs, ses enfants. C'est l'unité de l'Homme avec Dieu. En son étreinte, nous avons une expérience du but ultime de l'humanité.

Les millions de personnes qui viennent rencontrer Amma à Amritapuri et ailleurs dans le monde connaissent ainsi, grâce à son amour, l'amour divin, la compassion, en même temps qu'une force et une vitalité nouvelles.

Ils restent auprès d'elle, versant des larmes silencieuses de bonheur et habités par un sentiment de plénitude. En la présence divine d'Amma, ils forment un ensemble universel et harmonieux. Amma est la manifestation toute puissante de la Mère universelle.

Le Seigneur Yama, le dieu de la mort, tient une corde à la main, un nœud coulant, (*'pāśa'* en Sanskrit) avec laquelle il arrache l'âme, le jīvātma, au corps. La déesse Durgā tient elle aussi un *pāśa*. La *Durgā Kavacam*, proclame, « Paraśum pāśam eva ca ». Parmi les nombreuses armes qu'elle tient dans ses huit mains, se trouvent *paraśu* (hache) et *pāśa*. Avec la hache, elle tranche tous les liens et les attachements. Puis, elle nous lie à elle avec la corde de son amour maternel.

Tout attachement nous fait descendre d'un ou plusieurs degrés sur l'échelle ou tomber dans la servitude.

Mais l'attachement au guru ou à Dieu nous élève sur la même échelle vers la Liberté, la Paix et la Joie infinie.

Amma dit que son étreinte n'est pas l'union de deux corps mais celle de deux cœurs. Ce geste dénote une acceptation totale de l'autre, le fait de le voir comme une forme de Dieu. Amma voit toutes les formes comme faisant partie d'elle et les accepte toutes. Elle est établie dans l'état le plus élevé. Je me remémore un verset relatif à Śukadēv, par lequel débute le *Bhāgavatam :*

yam pravajantam anupētam apēta kṛtyam
dvaipāyana viraḥ katara ājuhava
putrēti tanmayatayā taravō·vinēdus
tvam sarvabhūta hṛdayam munim ānatōsmi

J'offre mon obéissance respectueuse au grand sage
qui peut entrer dans le cœur de tous. A celui que son

> père, Vyāsa, appela « mon fils » au moment où il partit embrasser une vie de renoncement sans s'être soumis aux cérémonies sacrées qu'observent les castes supérieures. Les arbres répondirent au père inquiet, que la séparation d'avec son fils affectait.
>
> Śrīmad Bhāgavatam, 1.2.2

Śukadēv était appelé 'anupētam' - celui qui n'a pas effectué le rite de passage, *upanayana,* rite qui qualifie un individu pour accomplir des pratiques spirituelles menant ultimement à la libération. Il était également appelé « apēta kṛtyam », celui qui est au-dessus des règles morales *(yamas, niyamas, dharma, etc.)* auxquelles les êtres humains sont généralement censés se plier. Dès sa naissance, Śukadēv était établi dans l'état suprême. On le nomme 'sarvabhūta hṛdayam.'

Dès qu'il vit le jour, il partit afin de prendre le sanyāsa, les vœux officiels de renoncement. Lorsque son père, le sage Vyāsa appela son nom, « O Śuka ! » tous les arbres répondirent à l'unisson, « Oui, père ! »

Cela indiquait que Śukadēv était désormais identifié à tous les êtres de l'univers. Aucune des normes d'éthique habituelles n'était plus valide pour lui.

Amma est également établie dans cet état – ou au delà même de cet état, pourrions-nous dire. A la fin du *Mahābhārata*, quand l'enfant Parīkṣit fut tué dans le ventre d'Uttarā par l'arme divine d'Aśvatthāma, Vyāsa déclara que si un *nitya-brahmacārī* touchait le fœtus, ce dernier reviendrait à la vie. Même Śukadēv hésita à le faire. Mais le Seigneur Kṛṣṇa toucha l'enfant, qui revint à la vie. Amma est comme Kṛṣṇa ; aucune de ses actions ne peut l'entacher ou l'asservir. De toute façon, comment des esprits humains pourraient-ils jauger correctement les actions de mahatmas ?

Les mahatmas comme Amma manifestent toutes les vertus dans leurs formes les plus pures. Son sourire est la forme la plus pure du sourire et sa patience, la forme la plus pure de la patience. Il y a une éclatante pureté même dans sa colère ! Par contre, chez les êtres humains, même l'amour est altéré. J'ai récemment entendu parler d'un jeune qui avait ingurgité du poison mais qui, par chance, n'était pas mort, parce que le poison était frelaté !

Quand le Seigneur Rāma décocha la flèche fatale sur Rāvaṇa, l'amour seul habitait son cœur. Lorsque Śrī Kṛṣṇa lança le *Sudarśana Cakra*[1] sur Śiśupāla, seul l'amour habitait son cœur ! Rāvaṇa et Śiśupāla atteignirent tous deux le salut. Tous les mahatmas sont des chirurgiens, susceptibles de causer de la douleur à leurs patients mais dont l'unique objectif est de les guérir.

Quelqu'un me demanda récemment qui était le vice-président de l'université Amrita. Après avoir répondu à cette question, je songeai soudain aux nombreux dévots, qui, dotés de brillants diplômes, ont abandonné leurs emplois bien rémunérés et leurs existences confortables en Inde ou à l'étranger pour rejoindre l'ashram d'Amma. Ces dévots ont eu la sagesse de saisir leur chance de vivre auprès d'un mahatma.

Et puis, il y a ceux qui, incapables de se libérer de leurs mauvaises habitudes et de leurs addictions, ont pris refuge en Amma. Par la suite, leurs vices ont été « annulés », si l'on peut dire. La cause en est l'étreinte d'Amma, qui détourne les gens de l'égoïsme pour les guider vers le chemin spirituel.

---

[1] Une arme tournoyante en forme de disque ; associée au Seigneur Viṣṇu.

La véritable soif

Dans le nord de l'Inde vivait un roi vertueux du nom de Śivāji. Un jour, alors qu'il se promenait dans sa mangueraie, une pierre, lancée de quelque part dans les airs, le heurta à la tête. Ses gardes du corps s'élancèrent aussitôt dans toutes les directions à la recherche du coupable. Ils arrêtèrent une vieille femme, qu'ils amenèrent sur le champ devant le roi. Interrogée sur la raison de son geste, la vieille femme déclara :

« Je suis profondément désolée, Votre Majesté. Nous n'avons rien eu à manger depuis plusieurs jours, et mon fils meurt de faim. Alors, je suis sortie chercher de la nourriture et lorsque j'ai vu des mangues dans ces arbres, j'ai pris une pierre et je l'ai lancée afin de faire tomber quelques fruits. Malheureusement, cette pierre a atterri sur votre tête. Je vous supplie de me pardonner. »

Après quelques instants de réflexion, le roi demanda à la femme, « Combien de fruits as-tu obtenu ? »

« Dès que la pierre a atteint l'arbre, trois mangues bien mûres en sont tombées, » répondit la femme.

Śivāji décréta : « Si un arbre heurté par une pierre est assez généreux pour donner trois mangues en retour, moi, en tant qu'être humain, je dois te donner davantage.

Le roi fit alors préparer un festin somptueux à l'intention de la mère et de son fils. Il fournit un emploi stable au jeune homme et suffisamment d'argent à la famille pour qu'elle ne soit plus jamais dans le besoin.

Ce corps humain nous a été donné dans un but précis. La question est de savoir comment l'utiliser de façon adéquate.

A quoi sert une montre superbe, incrustée de pierres précieuses, si elle ne donne pas l'heure juste ? On peut la comparer à un homme qui ne serait pas droit et intègre. On ne dit pas, « C'est du feu chaud. » Si c'est du feu, il sera chaud ; la chaleur est la nature intrinsèque du feu. De même, il est inutile de dire « c'est un homme droit et intègre ». S'il est réellement un homme, il sera droit et intègre. Sinon, il est pareil à un animal.

Il y a quelques années, un dévot de Delhi fit don d'une voiture à Amma. Il fallait conduire le véhicule jusqu'à Amritapuri, à sept jours de route de là. Dans pareil cas, quelle devrait être l'attitude du brahmacārī chargé de cette mission ? Ce véhicule ne lui appartient pas. Il appartient à Amma. Il doit en prendre le plus grand soin.

Il jouit, dans une certaine mesure, d'une part de liberté. Par exemple, si un pneu crève, il peut le remplacer lui-même, sans appeler Amma pour l'en informer. Mais supposons qu'il n'aime pas la couleur de la voiture et qu'il veuille la changer, il devra en premier lieu demander l'autorisation d'Amma.

De même, notre corps est un véhicule qui nous a été donné par Dieu. Seul Dieu est en droit de le transformer. Nous devons utiliser le libre arbitre que Dieu nous a donné pour d'autres questions, comme par exemple la quantité de nourriture que nous pouvons absorber. Mais puisque ce corps appartient à Dieu, il ne faut pas le torturer.

Le Bouddha avait coutume de pratiquer d'intenses austérités. Il resta un jour fort longtemps absorbé en méditation, sans rien manger ni boire, si bien que son corps émacié était faible.

Un jour, un professeur de musique et son élève vinrent s'asseoir auprès du Bouddha. Ils avaient une *vīṇā*[2], et le professeur expliqua à l'élève comment accorder l'instrument. « Si tu tends trop les cordes, elles casseront, » commença-t-il. « Mais si elles sont trop lâches, aucun son n'en sortira. ».

Le Bouddha écoutait et comprit aussitôt le message : éviter les extrêmes. Des austérités trop intenses brisent les cordes de l'esprit, mais s'abîmer dans le plaisir entraîne la chute spirituelle de l'individu. Dès lors, le Bouddha suivit la voie du milieu et atteignit rapidement la Réalisation du Soi.

De nombreux dévots demandent à Amma, « Comment savoir si nous progressons sur le chemin spirituel ? »

Amma leur répond, « Si vous sentez la compassion envers les autres remplir votre cœur, il est certain que vous progressez. Mais si, après plusieurs années de pratique spirituelle, vous ne ressentez aucune compassion envers les êtres vivants, alors soyez sûr que vous n'avez pas progressé du tout ! »

Un sādhak qui vivait dans une modeste hutte au pied de la montagne fit le vœu de ne rien manger ni boire du lever au coucher du soleil. Au bout de quelque temps, il vit une magnifique étoile à l'Est et entendit une voix lui dire que c'était le symbole de ses nobles austérités.

Un jour, tandis qu'il parcourait la montagne à pied, un petit garçon l'accompagna. Au bout d'un moment, il commença à faire très chaud et la soif se fit sentir cruellement. Comme ils traversaient un petit cours d'eau, le sādhak tendit un récipient à l'enfant et lui dit de le remplir d'eau. Le garçonnet remplit le récipient puis l'offrit au sādhak, qui déclina son offre à cause

[2] Instrument à cordes indien

de son vœu. Alors l'enfant affirma que, dans ce cas, lui non plus ne boirait pas.

Le sādhak se trouva face à un dilemme. Il ne souhaitait pas rompre son vœu, mais il ne voulait pas non plus que le petit garçon souffre à cause de lui. Finalement, il se dit : « Cet enfant est terriblement fatigué et assoiffé. Je vais rompre mon voeu pour son bien et boire un peu d'eau » Dès qu'il en eût pris une gorgée, le garçonnet but à son tour.

Mais il était légèrement triste d'avoir rompu son voeu. Il porta un regard hésitant vers l'Est afin de voir ce qu'était devenue l'étoile. A sa grande surprise, deux belles étoiles s'offraient à présent à sa vue.

C'était le signe qu'il progressait. Grâce à ses austérités, il avait purifié son esprit et la compassion s'épanouissait dans son cœur. Cette compassion, qui est l'amour libre de tout attachement, est le signe du progrès.

Le prétendu amour que se vouent les êtres humains n'est rien d'autre que de l'attachement. Habituellement, l'amour que nous éprouvons envers une personne est directement proportionnel à ce que nous recevons d'elle. Plus nous obtenons de quelqu'un ou de quelqu'une, plus nous « l'aimons ».

Inversement, moins nous recevons, moins nous « aimons ». L'attachement est une servitude, mais l'amour véritable, qui ne nourrit aucune attente, est la liberté.

En réalité, nous n'avons rien à offrir à Amma puisque rien ne nous appartient, pas même notre corps. Alors comment pouvons-nous prétendre offrir quoi que ce soit ? Notre seule création est notre mental. Et c'est cela que nous pouvons offrir à Amma.

Le mental est comparable à une forêt. Un arbre isolé ne constitue pas une forêt, qui regroupe de nombreux arbres. De même, le mental est constitué par un flot de pensées. La question qui se pose est : comment contrôler ce flot de pensées ? Comment discipliner le mental ?

La *Bhagavad Gītā* utilise l'analogie du char. Les cinq chevaux qui y sont attelés représentent les cinq sens ; les rênes symbolisent les diverses pensées de notre esprit ; le conducteur, l'intellect qui opère le discernement ; et le char, le corps humain. Les chevaux sont contrôlés par les rênes, lesquelles sont contrôlés par le conducteur. Si nous maîtrisons correctement les chevaux, ils nous mènent jusqu'à notre destination. De même, si les sens sont maintenus sous notre contrôle, nous atteindrons notre but. Cependant, si les rênes sont trop lâches et que les chevaux s'emballent, ces derniers nous entraîneront où ils veulent.

Un jeune homme fut prié par son propriétaire de quitter dans un délai d'une semaine l'appartement qu'il lui louait. Pris au dépourvu, le jeune homme se souvint soudain de son vieil ami, James.

Il se dit, « Ah, oui ! James m'aidera ! Il a son propre appartement. Il pourra m'héberger. ». Au bout d'un moment, une autre pensée lui traversa l'esprit. « Et s'il refusait ? » Irrité à cette idée, il songea : « Il serait mal venu de refuser. Après tout, je l'ai aidé à obtenir son emploi actuel. Eh bien, allons donc le voir et le lui demander. » Quelques instants plus tard, il recommença à cogiter, « Supposons que James ne m'héberge pas. Que ferais-je, alors ? » La colère monta de nouveau en lui. « A-t-il oublié que c'est moi qui lui ai trouvé cet appartement ?

Il y a plusieurs années, je l'ai même sauvé de la noyade. Il *a le devoir* de m'héberger ! »

A présent très en colère, il se rua jusque chez James et appuya furieusement sur la sonnette.

Il était minuit passé. James ouvrit la porte et s'exclama, « Quelle surprise ! Qu'est-ce qui t'amène à cette heure tardive ? Je t'en prie, entre. »

« Non ! Je n'entrerai pas » vociféra le jeune homme. « Même si tu m'invites à rester chez toi, je ne mettrai pas un pied dans cette maison ! Salut ! »

Voilà ce qu'est une pensée indisciplinée. C'est l'enfer. Le paradis et l'enfer sont en nous. Si nous apprenons à discipliner notre esprit, nous serons en paix et jouirons du paradis. Si notre mental est indiscipliné, alors nous connaîtrons l'enfer.

Le roi Janaka, le père de Sītā, était animé par un désir intense d'atteindre la Réalisation du Soi. Il demandait à tous les sages qu'il rencontrait : « Pouvez-vous m'accorder la Réalisation du Soi ? » Mais personne n'était en mesure de combler son désir.

Un jour, un jeune sage du nom d'Aṣṭavakra, qui était établi dans la Conscience suprême, vint voir le roi et affirma, « Je te donnerai ce à quoi tu aspires, mais tu dois faire ce que je te dirai. Cela implique un abandon total de soi. » Le roi, très impatient d'atteindre le but ultime de la vie humaine, accepta promptement ces conditions. Aṣṭavakra dit, « Tout d'abord, tu dois tout m'abandonner ».

« J'abandonne tout, » affirma le roi.

« Très bien ! Maintenant, descends de ce trône et assieds-toi à l'endroit où sont rangées les chaussures. »

Sans un instant d'hésitation, Janaka s'assit là, utilisant ses sandales en guise d'āsana (siège).

« Maintenant, non seulement ton royaume et ton corps, mais également ton esprit, m'appartiennent, » décréta le sage. « Par conséquent, tu ne dois rien penser sans mon autorisation. Cesse de penser ! »

Le roi possédait un tel contrôle de lui-même et il avait un désir si puissant d'atteindre la vérité que son esprit devint totalement calme et qu'il atteignit la Réalisation de Dieu.

L'esprit d'un yōgi va là où il le dirige, alors que, dans le cas de la plupart d'entre nous, c'est nous qui allons là où l'esprit veut nous entraîner. Acquérir un certain contrôle mental requiert une grande discipline. Nous pouvons commencer par concentrer notre esprit sur la forme de notre *iṣṭa-dēvatā* (déité favorite). Nous sommes libres de choisir la forme qui nous plaît. Les différentes étapes de la *pūjā* (adoration rituelle) nous aident à fixer notre esprit sur l'iṣṭa dēvatā et à oublier le monde extérieur.

Un enfant conduit d'abord un tricycle. Une fois qu'il sait s'y maintenir en équilibre, il peut rouler à bicyclette. Lorsque son habileté augmente encore, il est même capable de conduire un monocycle. Ainsi, aux premiers stades de la vie spirituelle, il faut utiliser les trois roues de l'action, de la parole et de la pensée. Lors d'une pūjā, nous engageons l'esprit, les mots et le corps afin d'obtenir la concentration. A mesure que nous progressons, les gestes de la pūjā s'avèrent superflus et nous avons recours uniquement au *mantra japa* (la répétition du mantra) et à la pensée. Finalement, à un stade avancé, les mots ne sont plus nécessaires et nous employons la seule pensée pour nous souvenir de Dieu.

Lorsque nous sommes très fatigués, nous ne pensons qu'à dormir. En fait, il ne s'agit pas uniquement d'une pensée, mais également d'une puissante sensation. Cette association pensée-sensation écarte sans effort toute autre idée et nous traîne jusqu'à la chambre pour y dormir. Ce phénomène est appelé *bhāvana*. De même, lorsque le désir de Dieu est intense, le cœur et l'esprit fonctionnent de concert. Dans cet état, nous nous abandonnons totalement à cette paix et à cette béatitude jusque-là inconnues. Nous nous asseyons en silence et attendons patiemment d'être hissés par le guru jusqu'à l'état suprême.

Auprès d'une Paramahamsini

Quelques mois après mon arrivée à l'ashram d'Amma en 1986, je lui demandai, « Amma, je t'en prie, accorde-moi la réalisation. »

Amma sourit, puis me demanda, « Qu'arriverait-il si l'on faisait passer 20000 volts à travers une ampoule de 20 watts ?

« L'ampoule exploserait ! » répliquai-je.

Amma sourit de nouveau et ajouta, « la même chose t'arriverait aussi ! »

Amma m'enseignait que le vaisseau corps-esprit doit avoir la pureté et la force de supporter l'impact de la manifestation de l'Infini dans le cœur. Même Narēn, qui devint plus tard le mondialement célèbre Swāmi Vivēkānanda, fut effrayé quand Śrī Rāmakṛṣṇa Paramahamsa lui accorda une expérience de l'Infini en lui touchant le cœur.

L'empereur Bhāgīratha pratiqua des austérités afin de faire descendre sur terre le fleuve sacré Gangā pour laver les péchés de ses oncles, morts à la suite d'une malédiction énoncée par le sage Kapila. Mère Gangā répliqua, « Je suis prête à exaucer ta prière, mais qui pourra supporter le poids et la puissance de ma descente sur terre ? »

Bhāgīratha pratiqua de nouvelles austérités et pria le Seigneur Śiva de recevoir Mère Gangā. Le Seigneur accepta, absorbant le Gange dans les boucles emmêlées de ses cheveux enroulés au dessus de sa tête, puis le laissant s'écouler en un fin cours d'eau. L'illumination ressemble à la la descente de Gangā ; sans intermédiaire, nous serions emportés par sa force.

A l'instar de Śiva le guru nous accorde l'éveil d'une façon qui nous permet de ressentir la paix infinie et la joie intérieures. Certains, comme les *avadhūtas,*[3] sont tellement submergés par la puissante expérience de l'illumination qu'ils perdent tout contrôle d'eux-mêmes ; ils se mettent à sauter et à danser comme des fous.

Le guru est comme le soleil, et les Écritures védiques sont comme l'océan. Le soleil attire l'eau hors de l'océan. L'eau évaporée forme des nuages qui finissent par crever et faire tomber la pluie.

De façon similaire, le guru répand doucement sur nous l'océan de la sagesse védique au travers de ses enseignements spirituels. Nous savons à quel point les enseignements d'Amma sont simples et accessibles.

Les exercices yogiques rendent le vaisseau corps-esprit fort, pur et réceptif à l'expérience de Dieu. Les ashrams d'Amma et ses institutions scolaires célèbrent le 21 juin la journée internationale du Yōga. Récemment, tout en regardant des élèves accomplir des postures de yōga, je songeai : « Il leur est facile d'exécuter des āsanas parce que leurs corps sont jeunes et flexibles. Mais sont-ils capables de suivre le régime yogique ? Le régime yogique est aussi important que les āsanas. Le yōga n'est pas destiné aux gros consommateurs de nourriture grasse ou épicée.

Ceux qui souhaitent contrôler leur alimentation mais peinent à y parvenir peuvent puiser du courage dans cette certitude : réciter constamment le mantra qu'Amma nous a donné

[3] Une personne éveillée dont le comportement transcende les normes sociales.

nous confère la force de contrôler notre langue, ainsi que tous les autres organes des sens.

En marchant dans les rues de Mathura, Kṛṣṇa et son frère aîné Balarām virent une femme bossue. Kṛṣṇa s'approcha d'elle et, s'adressant à elle, l'appela Sundarī (Celle qui est belle). Puis, il appuya Ses pieds divins sur les siens, lui souleva le menton de Ses mains et la colonne vertébrale de la femme se redressa ; sa bosse disparut et elle fut transformée en une femme magnifique. Les maîtres spirituels enseignent que le Yōga ne consiste pas à tordre le corps, mais à redresser l'esprit. Les médecins divins comme Kṛṣṇa et Amma redressent non seulement les corps mais aussi les esprits.

Le Seigneur Kṛṣṇa avait 82 ans et Arjuna, 80, lorsqu'ils combattirent à Kurukṣetra, lors de la guerre du Mahābhārata. Aujourd'hui, toute personne âgée de plus de 65 ans est considéré comme vieille. Mais à cette époque-là, un homme pouvait être un guerrier même après 80 ans !

Léon Tolstoï, le célèbre écrivain russe, narre une histoire intéressante. Un matin, un fermier trouve un grain de blé aussi gros qu'un œuf et aussi brillant que l'or. Il le porte au roi afin de le lui montrer. Surpris, le roi fait quérir tous les fermiers de son royaume, leur présente la graine et leur demande si l'un d'eux a déjà vu cette étonnante variété de blé. Personne n'en a jamais vu, mais le doyen des fermiers, très âgé et qui peut à peine marcher, dit, « Permets-moi d'amener ici mon père ! »

Lorsque le père du vieux fermier arrive, tout le monde est surpris de voir qu'il semble en bien meilleure santé que son fils, et bien plus jeune. Le père examine la graine et dit, « Non, je n'ai jamais vu une graine de cette taille ni de cette qualité, mais permets-moi d'amener ici mon père ! »

Le grand-père est encore plus jeune, plus fort et en meilleure santé que son fils et son petit-fils ! Il contemple la graine et dit, « Oh, roi, dans ma jeunesse, nous avions en effet des graines de cette taille-ci. En ce temps-là, nous nous aimions tous les uns les autres. Nous ne connaissions ni la jalousie ni la haine.

Personne ne possédait la terre. Lorsque quelqu'un avait besoin de grain, il choisissait une parcelle disponible, semait, récoltait la moisson, ne prenait que ce dont il avait besoin pour une année, et donnait le reste aux nécessiteux ! C'est pourquoi la nature nous accordait de si gros grains, de longues vies, la santé et la jeunesse !

Ce conte nous rappelle les enseignements d'Amma sur le devoir de vivre en harmonie avec la nature, et de mener une existence fondée sur le don et le partage.

Le Yōga est l'union avec Dieu. Le titre de chacun des 18 chapitres de la *Bhagavad Gītā* contient le terme yōga. Le premier chapitre est intitulé *'Arjuna Viṣāda Yōga,'* le Yōga du Découragement d'Arjuna. La souffrance le rapproche de Dieu. Le second chapitre est intitulé *Jñāna Yōga* (le Yōga de la Connaissance), le troisième, *Karma Yōga* (le Yōga de l'Action), et ainsi de suite. Tous les chapitres contiennent des techniques, des enseignements et des conseils qui nous permettent de nous fondre graduellement en Dieu.

La *Bhagavad Gītā* donne de nombreux enseignements concernant le yōga :

yōgaḥ karmasu kauśalam
Le Yōga est l'habileté en action. (2.50)

samatvam yōga ucyate
L'équanimité de l'esprit est le yōga. (2.48)

Les āsanas de yōga, que les anciens ṛṣis transmirent à toute l'humanité, nous aident à prendre davantage conscience du corps, de ses fonctions et de ses mouvements. Le yōga nous fait ensuite prendre conscience des émotions et des pensées, et finalement, il nous conduit au-delà du niveau mental, vers le niveau spirituel, où nous nous trouvons face à face avec la pure conscience, notre véritable nature.

Les danses et les arts martiaux traditionnels, tels que le *Bhāratanatyam* et le *kaḷari payaṭṭu,* nous enseignent également comment transcender la conscience du corps. C'est à cette conscience transcendantale que le Seigneur Kṛṣṇa faisait allusion lorsqu'il déclara :

na hanyatē hanyamānē śarirē
Un individu ne périt pas, même quand son corps meurt.
Bhagavad Gītā, 2.20

Un groupe de moines bouddhistes itinérants entra un jour dans un salon de thé. Le propriétaire en personne leur servit du thé dans de belles tasses. Comme tous les moines avaient le même aspect, il n'avait aucun moyen d'identifier le guru. Mais c'était un homme sage. Il observa soigneusement les moines qui buvaient silencieusement leur thé et découvrit que l'un d'entre eux le faisait différemment des autres.

Il levait la tasse avec une grâce et une conscience totale, comme s'il avait eu un nouveau-né entre les mains. Et il sirotait le thé comme s'il avait embrassé l'enfant avec amour. Il semblait même conscient du battement de ses paupières et de son souffle. Comprenant qu'il s'agissait du guru, le propriétaire du salon de thé s'approcha de lui et se prosterna à ses pieds.

J'ai vu des jeunes gens s'asseoir et se relever lors de parades sportives. Ils s'assoient comme un avion qui s'écrase et se redressent comme s'ils sautaient d'un poêle brûlant ! Ils déploient beaucoup d'énergie, mais manquent de conscience corporelle.

Le yōga nous aide à aller au-delà de la mort. La mort ne concerne que le corps et ceux qui s'identifient au corps.

Yama, le Seigneur de la Mort, chevauche un buffle qui incarne *tamas* : la paresse, la léthargie et l'ignorance. L'image de Yama sur un buffle signifie que la mort s'empare de l'ignorant ; elle ne peut pas atteindre ceux qui savent qu'ils ne sont pas le corps, mais pure conscience.

Tous les êtres sont un mélange de conscience et de matière. La matière existe sous différentes formes, mais la conscience est une et sans forme. C'est le même air qui est contenu dans un millier de pots en terre de tailles différentes. La matière est comme les pots et la conscience, comme l'air. Les mahatmas savent distinguer la conscience de la matière, ils sont capables de voir au-delà des différences, ils acceptent tout être vivant dans cet univers.

Dans la mythologie indienne, le cygne (*'hamsa'* en Sanskrit) est célébré pour sa rare habileté à séparer le lait d'un mélange de lait et d'eau. Les saints les plus évolués sont honorés au travers de l'expression *'Paramahamsa,'*[4] 'Cygne Suprême', pour leur habileté naturelle à voir le Soi unique dans tous les êtres, quelle que soit la forme qu'il prend. Amma est une Paramahamsinī. Sa capacité d'aimer tous les êtres inconditionnellement révèle sa *sama-dṛṣṭi* (vision égale). Amma dit aussi qu'elle voit le Soi en tout être, comme si elle regardait dans un miroir.

Amma chante le bhajan suivant, lequel révèle, au travers de la négation, notre véritable identité :

> *manō buddhi ahankāra cittāni nāham*
> *cidānanda rūpaḥ śivōham śivōham*

> Je ne suis ni le mental, ni l'intellect, ni l'ego ni la mémoire. Je suis la Pure Conscience-Béatitude, je suis Śiva ! Je suis Śiva !

Prions Amma de nous conduire jusqu'à cet état de réalisation.

4 L'équivalent féminin est 'paramahamsinī.'

« L'illumination ? Ce n'est rien du tout pour moi ! »

Au cours d'une pause-déjeuner lors du tour du nord de l'Inde en 2010, Amma nous fit une déclaration d'une grande profondeur : « L'illumination n'est rien du tout pour moi. La personne que je glorifie est celle qui accomplit des actions désintéressées avec une dévotion, une foi et une attitude de renoncement totales. »

L'illumination consiste à se connaître soi-même en tant que conscience infinie, présence et béatitude. C'est la conscience et l'expérience que seul l'Être suprême unique apparaît sous les innombrables formes manifestées dans l'univers.

La plupart d'entre nous possèdent uniquement une conscience individuelle corps-esprit. J'ignore ce que vous pensez ; vous ne savez pas davantage ce que j'ai à l'esprit.

Mais Amma, qui s'est élevée au dessus du corps et du mental, connaît les pensées de tous les êtres humains, ainsi que leur passé, leur présent et leur futur.

Dans les premiers temps de l'ashram, Amma venait à la méditation munie d'une poignée de cailloux. Dès qu'une pensée vagabonde surgissait dans l'esprit de quelqu'un, elle le savait et lui lançait un caillou afin de ramener sa concentration sur l'objet de sa méditation.

L'aboutissement de la méditation est la Libération, au sein de laquelle une personne expérimente la béatitude infinie. Toutes les Écritures et tous les gurus affirment que c'est le but de l'existence humaine et que celui qui l'atteint n'est plus jamais soumis au cycle de la vie et de la mort.

Les sages nous recommandent de ne rechercher ni les biens matériels ni les plaisirs des sens, car aucun d'entre eux n'apporte le bonheur permanent.

Bien que nous connaissions cette vérité, bien peu d'entre nous aspirent à l'Illumination. Nous sommes plongés dans l'ignorance, comme endormis. Amma incarne le pouvoir éveillé. Que peut-elle faire pour nous réveiller ? Amma pourrait aisément nous asséner simplement une petite tape ou nous secouer doucement et dire, « Fils/fille, réveille-toi ! » Je pense que c'est ce qu'elle voulait dire en déclarant, « L'illumination, ce n'est rien du tout pour moi ! »

L'Illumination est accessible à tous, pas seulement aux sages ou aux personnes instruites ou fortunées. Amma affirme que personne n'en a le monopole ; elle est destiné à tout le monde.

Malheureusement, la plupart des gens ne cherchent pas à l'atteindre, trop occupés à courir après des objets impermanents.

Seuls quelques individus dotés de discernement recherchent ce qui est permanent. Comme ceux qui ont le sommeil léger, une petite tape sur l'épaule suffit à les réveiller. D'autres sont plongés plus profondément dans le sommeil ; il faut les secouer violemment afin qu'ils ouvrent les yeux. Mais certains sont aveuglément attachés au monde et à ses objets ; ils sont pareils à des hommes ivres qui auraient perdu conscience – ni une légère tape ni même une violente gifle ne suffiront ; il faut attendre que l'effet de l'alcool se soit dissipé. Le guru est doté d'une patience infinie. Elle attend.

La *Bhagavad Gītā* décrit trois types d'individus affligés par l'ignorance et l'attachement. Chez ceux du premier type, l'esprit n'est pollué que par très peu d'impureté. Il est pareil à une flamme dissimulée derrière un écran de fumée. Un souffle suffit à éloigner la fumée. Il leur est facile d'atteindre l'éveil.

Le second type de personne a accumulé davantage d'impureté. Leur esprit est pareil à un miroir recouvert de poussière. Essuyer la poussière du miroir requiert de plus grands efforts. Il leur faudra davantage de temps pour atteindre l'Illumination.

Le troisième type d'esprit est très impur. Un tel mental est comme un fœtus dans le sein de la mère : il faut attendre neuf mois avant qu'il naisse. De même, les esprits trop impurs mettront beaucoup de temps à atteindre l'éveil.

Souvenez-vous des paroles d'Amma : « La personne que je glorifie est celle qui accomplit des actions désintéressées avec une dévotion, une foi et une attitude de renoncement totales ».

Le mental de la plupart des gens est impur. Accomplir des actions désintéressées avec dévotion, foi, et une attitude d'abandon est la seule façon de libérer l'esprit de ses impuretés. Une fois qu'il est suffisamment purifié, la personne peut s'asseoir en méditation et découvrir lentement la Conscience infinie en elle. Si un individu dont l'esprit est impur tente de méditer, il s'endort et sombre plus profondément encore dans l'ignorance.

Certains ne veulent accomplir aucun service désintéressé mais veulent méditer. De telles personnes sont paresseuses. Les paroles d'Amma sont un avertissement à leur adresse.

Est glorifiée à ses yeux la personne intelligente qui est consciente de ses impuretés, qui sait que les actions désintéressées la purifient et la mèneront, ultimement, à l'éveil au moyen de la méditation.

Qui aime bien châtie bien

Les marches qui menaient au sanctuaire d'un temple demandèrent un jour à l'idole, « Nous sommes des pierres, exactement comme toi. Pourtant, les dévots nous piétinent et cassent des noix de coco sur nous, tandis qu'ils t'offrent du lait et du ghee et te dédient toutes sortes d'autres pūjās. Pourquoi en est-il ainsi ?

L'idole répondit : « Il n'est pas très difficile de tailler des pierres pour fabriquer des marches rectangulaires. Vous n'endurez que peu de souffrance. Mais mesurez-vous la souffrance que j'ai endurée lorsque le sculpteur a ciselé et façonné ma forme ?

Un guru est comparable à un sculpteur, et les esprits des disciples à une pierre informe. Par ses enseignements et par la discipline, le guru transforme la pierre informe en une magnifique idole.

Ceux qui apprennent les arts martiaux comme le kaḷari, le kung fu et le karaté endurent de grandes souffrances physiques. Leurs maîtres, ainsi que les élèves plus avancés, les frappent pour que leurs membres deviennent aussi durs que l'acier. De façon similaire, les maîtres spirituels soumettent leurs disciples à des épreuves sévères, qui rendent leurs esprits suffisamment forts pour affronter les défis de l'existence. A Amritapuri, le premier temple où Amma donnait le Bhāva darśan s'appelle le 'kalari,' un lieu où les disciples sont entraînés à devenir forts.

La question de savoir s'il est bon que des parents frappent leurs enfants est souvent débattue. Dans certains pays occidentaux, la loi interdit qu'un parent donne une fessée à son enfant.

Mon professeur d'histoire affirmait qu'à Rome, les pères avaient même le droit de vie et de mort sur leurs enfants ; une conception certes extrême. Dans le Kérala, un vieil adage énonce - *"Aḍiyāl kuṭṭi paṭhikkum,"* ce qui signifie : un enfant n'apprend que par les coups. Bon nombre de personnes s'opposent à cet argument en ces termes, *Aḍiyāl kuṭṭi paṭṭiyākum,"* c'est à dire : sous les coups, un enfant devient comme un chien apeuré, privé de toute assurance et de toute confiance en lui.

Un guru tel qu'Amma suit la voie du milieu. Elle répand d'abord sur ses enfants son amour maternel, qui les unit à elle. Puis elle entreprend de les discipliner à l'image d'un sculpteur façonnant des pierres informes en idoles.

Un proverbe ancien dit :

tāḍanē bahavō dōṣāḥ
lālanē bahavō gunāḥ
tasmāt putram ca siśyam ca
tāḍayēt na tu lālayēt

Il y a de nombreux avantages à discipliner ses enfants et de nombreux désavantages à les gâter. Par conséquent, disciplinez vos enfants et vos disciples. Ne les gâtez pas.

L'histoire suivante illustre la façon dont une reine, qui était veuve, éduqua son fils. Lorsque des ennemis attaquèrent le royaume, elle envoya toute son armée et même son fils, le jeune prince, les combattre. Un jour, un soldat se présenta devant la reine et annonça, « le prince est mort au cours de la bataille. Nous l'avons retrouvé gisant au sol, avec une blessure dans le dos. »

Choquée par cette nouvelle, la reine répondit : « Je ne vous crois pas. Laissez-moi le voir de mes yeux. » Elle se rendit sur le champ de bataille, où elle découvrit le prince, mort, mais avec une blessure à la poitrine et non dans le dos

Se tournant alors vers le soldat, elle déclara : « Vous voyez ? Je reconnais là mon fils. Il n'aurait jamais fui devant l'ennemi en lui tournant le dos ! »

Amma est une mère comme celle-là. Nous apprécions la discipline qu'elle nous impose parce que l'amour qu'elle répand sur nous nous fait comprendre que c'est à seule fin de nous façonner. De même qu'un médecin connaît le dosage de remède approprié à l'âge du malade, un guru tel qu'Amma connaît le traitement le mieux adapté à chacun de ses enfants et disciples.

Il existe trois sortes de patients comme il existe trois sortes de disciples.

Quelques uns subissent en silence les traitements les plus douloureux, car ils savent qu'ils leur sont administrés pour leur bien. Certains se plaignent certes de la douleur, mais acceptent néanmoins le traitement.

D'autres encore non seulement refusent d'être soignés, mais vont jusqu'à critiquer le médecin.

Si l'enfant est gâté ou trop dorloté par ses parents, il risque plus tard de se heurter aux réactions de ses pairs ou de la société. Il risque d'être égoïste, et une menace pour lui-même et les autres. Un enfant discipliné à un jeune âge deviendra un adulte accompli. Une telle personne développe la résistance nécessaire pour affronter les difficultés de l'existence.

Le méditatif et l'actif

Certains dévôts demandent : « Que puis-je faire pour Amma ? »

Il est réconfortant d'entendre une telle question. De façon générale, les gens pensent plutôt à recevoir qu'à donner. Leur ambition se limite à être assez malins arriver à leurs fins en toutes circonstances. Par contraste, la question « Que puis-je donner ? » émane d'une personne plus mûre et plus évoluée.

« Quelle devrait être ma sādhana ? » Voilà une autre question que posent parfois les dévots. La réponse doit venir directement du guru. La sādhana qu'Amma prescrit à ses enfants peut varier d'une personne à l'autre.

Elle sait quelle sādhana purifie tel ou tel sādhak, en le libérant des tendances négatives inhérentes à sa personnalité, ainsi que des *prārabdha* (résultats d'actions accomplies par le passé qui se manifestent dans la vie actuelle). Selon les personnes, Amma recommande la méditation, le *mantra japa* (la récitation d'un mantra), l'*arcana* (la récitation d'une litanie de noms sacrés), les *bhajans* (les chants sacrés), le *sēva* (service désintéressé), et les actions caritatives.

Voici une très belle indication de ce qui doit être accompli et par qui :

dvau ambhasi nivēṣṭavyau galē baddhvā dídhām śilām
dhanavantam adātāram daridram ca atapasvinam

Deux sortes d'humains mériteraient qu'on les pousse dans l'eau profonde avec de lourdes pierres attachées au corps : celui qui, bien que fortuné, ne fait pas de dons, et l'autre qui, bien que pauvre, ne travaille pas dur.

Mahābhārata, verse 5.33.65

Pour les riches, les actions caritatives sont recommandées en tant que pratique spirituelle, tandis que pour une personne pauvre, les austérités sont recommandées. Le genre de tapas à accomplir dépend du type d'esprit et de corps que l'on possède. Toutes les formes de sādhana sont importantes, mais leur proportion varie d'un chercheur spirituel à l'autre. Seul un guru peut nous enseigner dans quelle mesure en quelle quantité il convient que nous accomplissions chacune d'entre elles.

Les dévots peuvent être grossièrement divisés en deux sortes : les méditatifs et les actifs. Dans la *Bhagavad Gītā*, le Seigneur Kṛṣṇa dit à Arjuna :

lokē·smin dvividhā niṣṭhā purā proktā mayānagha
jñānayōgēna sānkhyānam karmayōgēna yōginām

En ce monde, il existe un double chemin, comme je l'ai enseigné auparavant : le chemin de la connaissance pour le type méditatif, et le chemin de l'action pour le type actif (3.3)

Notons que le Seigneur Kṛṣṇa dit *dvividhā niṣṭhā,* c'est à dire, un double chemin (au singulier) et non deux chemins (au pluriel). Cela signifie que le jñāna yōga et le karma yōga sont deux étapes du même chemin. Le Karma yōga vient en premier ; il amène la purification, la constance et la concentration. Puis vient le jñāna yōga, par lequel le disciple réalise sa nature innée en tant que conscience divine.

Certains considèrent à tort ces deux chemins comme distincts. Parmi eux, il y en a qui s'engagent directement dans le *jñāna mārga* (chemin de la connaissance) sans passer par le *karma mārga* (chemin de l'action). Ils ne progressent que peu ou pas du tout parce que leurs esprits n'ont pas été purifiés par le karma mārga. D'autres s'en tiennent au karma mārga, refusant d'avancer sur le jñāna mārga.

De telles personnes sombrent plus profondément dans l'attachement. L'approche juste fait passer le disciple par le karma yōga, puis par le jñāna yōga. Seul un individu qui s'est purifié mentalement grâce au karma yōga peut entrer en profonde méditation. Seuls ceux qui méditent profondément sont capables d'agir efficacement. Par conséquent, le karma yōga et le jñāna yōga sont complémentaires.

La sādhana essentielle pour atteindre le but de l'existence humaine, c'est à dire, la Réalisation du soi, est *dhyāna* (la méditation), laquelle mène à jñāna, la réalisation de notre véritable nature en tant que conscience divine. Toutes les autres sādhanas, comme le mantra japa et l'arcana, sont des sādhanas qui viennent étayer *dhyāna*.

De façon générale, les gens accordent une grande importance à l'effort humain, et peu ou pas d'importance à la grâce divine. Un véritable chercheur spirituel comprend, à mesure qu'il progresse, que seule la grâce divine peut le rapprocher du But et que même l'effort est impossible sans elle.

La sādhana prescrite par le guru est comme un traitement médical associé à une diète. Lorsque le médecin prescrit un traitement et un régime alimentaire précis, nous nous y tenons.

Nous devons suivre les indications du guru avec tout autant de précision, sinon davantage. Certains dévots sont contrariés en pensant que le guru a donné davantage à d'autres. C'est la conséquence d'une réflexion erronée.

Il y a quelques années, un dévot m'a exprimé son mécontentement, « Swāmiji, Amma n'a pas mesuré mes capacités. Elle m'a donné très peu de responsabilités ! » Il aurait aimé se voir confier davantage de responsabilités. Par la grâce d'Amma, j'ai réussi à le convaincre qu'Amma savait ce qui était préférable pour lui. »

Certains se plaignent, « Mon guru m'a donné trop de travail. Je ne peux pas méditer comme les autres, qui disposent de davantage de temps pour le faire ! » Cette plainte est sans fondement.

La tâche confiée au disciple par le guru, quelle qu'elle soit, est la sādhana qui facilitera au mieux son progrès spirituel.

Dans les premiers temps de l'ashram, je devais dispenser des cours aux résidents et j'étais également chargé de nourrir les vaches. Si un disciple est autorisé à choisir sa propre sādhana, il risque de renforcer ainsi ses attirances et ses aversions, ce qui ne fera que renforcer ses attachements. Un disciple avisé ne dit jamais, « Guruji, je ne veux pas faire cela mais uniquement ceci ! » Il dira au contraire, « Guruji, quoi que tu choisisses de me faire faire, ce sera la meilleure pratique pour moi ! »

Chaque individu est une accumulation d'attirances et d'aversions. Dès l'instant où nous nous réveillons le matin, ces sentiments sont actifs.

« Je préfère la marque de dentifrice A à la marque B. J'aime le café ; pas le thé... » Les attirances et les aversions nous maintiennent attachés à la vie dans le monde. De plus, nous souffrons en présence de gens dont les attirances et les aversions ne s'accordent pas avec les nôtres ou sont plus fortes que les nôtres.

Cependant, nous sommes prêts à sacrifier nos attirances et nos aversions individuelles dans l'intérêt des êtres qui nous sont chers. Si par exemple une femme aime le thé et que son époux préfère le café, il se peut que le mari dise : « Un thé m'ira très bien, » afin d'épargner à sa compagne la peine de préparer les deux.

De façon similaire, nous aimons tous Amma.

Renoncer à nos attirances et à nos aversions personnelles pour l'amour d'Amma est le plus beau cadeau que nous puissions lui faire. Non pas qu'elle y gagne quoi que ce soit ; lorsque nous dépassons nos attirances et nos aversions, les chaînes qui nous empêchent de nous élever vers le Divin se brisent progressivement.

Ou bien, cultivons des attirances et des aversions qui soient bénéfiques au plus grand nombre.

On peut observer qu'en général, les gens ont besoin d'entendre du bruit en permanence. Ils ne supportent souvent pas le silence et sont parfois très agités s'ils sont contraints de demeurer un long moment en un lieu silencieux. Ils ont développé une dépendance au bruit.

A l'inverse, de nombreux chercheurs spirituels deviennent inconsciemment dépendants du silence ! Le moindre bruit les dérange. C'est une autre forme de dépendance. Les personnes qui vivent dans le monde dépendent du bruit pour se sentir bien, tandis que le méditant dépend du silence pour ressentir la joie. Tous deux sont dépendants ; tous deux sont asservis.

Une âme réalisée comme Amma n'est dépendante ni du bruit ni du silence ! Qu'elle se trouve dans un endroit bruyant ou silencieux, Amma est totalement en paix. Un guru authentique est ainsi.

Le *Dakṣinamūrti Stōtram* parle ainsi du guru :

nidhayē sarva vidyānām biṣajē bhāva roginām
guravē sarva lōkānām dakṣinamūrtayē namaḥ

> Je me prosterne devant Dakṣinamūrti, la demeure de tous les Enseignements, le Médecin de tous ceux qui sont affligés de la maladie de l'existence en ce monde, le Professeur de tous (4).

Le guru est décrit comme *biṣajē bhāva roginām*, le médecin qui soigne les patients atteints de la maladie de l'asservissement et de la souffrance. Le guru est le médecin spirituel qui connaît le meilleur remède à nos maladies spirituelles. Un tel médecin est divin : *nidhayē sarva vidyānām.* Elle ne commet jamais d'erreur ni dans le diagnostic ni dans la prescription d'un remède.

La demeure du Divin

Réminiscences

Lorsque j'ai rencontré Amma pour la première fois à Amritapuri, j'étudiais les *śāstras* (Écritures) dans un ashram à Bombay (à présent Mumbai). A Amritapuri, on accordait une grande importance aux austérités (*tapas*), aux pratiques spirituelles. Fasciné et bouleversé par le darshan de Dēvī Bhāva d'Amma, je le nommai « darshan de Durgā Dēvī ». Il s'éveilla en moi une émotion si intense que je n'aspirais plus qu'à rester auprès d'elle. Mais Amma assura que je devais d'abord terminer mes études, avant de revenir.

En ce temps-là, beaucoup des résidents de l'ashram avaient comme moi étudié les *śāstras* et pratiqué une dure sādhana. Je faisais partie de ceux qui, après avoir étudié de nombreuses années, se sentaient néanmoins intérieurement incomplets.

Br. Śāntāmṛta Caitanya visita un jour un monastère bouddhiste au Japon. Il trouva l'environnement très agréable, avec ses forêts denses, ses montagnes et ses rivières au flux paisible. Tout, en ce lieu, était beau. Mais le moine responsable du monastère déclara qu'il y manquait la présence d'un *Bodhisattva*, une Âme réalisée. « Je te ferai rencontrer un tel être, » lui promit Śāntāmṛta.

Et il tint sa promesse. Une dizaine d'années plus tard, Amma se rendit dans ce monastère et offrit au moine un magnifique cadeau. Ce dernier progressa ensuite à un rythme beaucoup plus rapide sur la voie.

Le regretté Ōṭṭūr Uṇṇi Nampūtirippāṭ, auteur des *Aṣṭōttaram* (108 attributs) à la gloire d'Amma, fut l'un de ceux qui eurent, dès le tout début, l'intuition de la divinité d'Amma.

C'était un homme très instruit, un grand érudit. Il appelait Amma *Saccidānanda kaṭṭa*, « existence, savoir et béatitude sous une forme solide ».

Lorsque je vins m'installer à Amritapuri, les seuls bâtiments étaient une pièce pour la méditation, une cuisine et le kalari. Je dormais dans une petite hutte dont le toit fuyait à chaque mousson.

En ce temps-là, nos journées commençaient par un réveil à 4 heures. L'archana était à 5 heures. Puis, au lieu du thé matinal, nous recevions une tasse de lait dilué dans de l'eau, agrémentée d'une dose quasi inexistante de sucre. Débutaient ensuite les cours sur les śāstras, suivis de la pratique de *haṭha yōga* et de la méditation. Amma participait chaque jour à la méditation, qu'elle dirigeait parfois.

Le petit déjeuner était servi à 9h30. Chaque résident de l'ashram recevait une petite part de *kañji* (gruau de riz). Nous recevions parfois un ou deux biscuits, des chips ou des bananes, offerts par des dévots.

Les cours reprenaient à 11 heures, lorsqu'Amma partait donner le darshan, lequel se poursuivait jusqu'à environ 14 heures. Les bhajans commençaient à 18h30, comme aujourd'hui. Nous n'avions que peu d'instruments de musique : deux tablas (tambour indien) et un harmonium. Cependant, les bhajans vibraient d'une telle dévotion qu'Amma s'élevait souvent en *samādhi*, un état transcendantal dans lequel l'être perd toute notion de l'identité individuelle.

Amma donnait les darshans de Dēvī Bhāva les dimanches, mardis et jeudis. J'étais présent lors de son dernier Kṛṣṇa Bhāva darshan. A cette époque, Amma était mince, et sautait souvent très haut en dansant.

Amma nous suggéra de tenir un journal, qu'elle consulterait avec le plus grand soin. Un jour, elle écrivit *Nalla mōn* (bon fils) dans mon journal et y apposa sa signature.

Lors de ma première visite à Amritapuri, les préparatifs de la célébration des 33 ans d'Amma battaient leur plein. L'enregistrement du premier '*Ōmkāra divya poruḷē*' était en cours. Les modulations ascendantes et descendantes de la voix d'Amma évoquaient pour moi le décollage et l'atterrissage de quelque aéronef céleste !

Au niveau de la trente-troisième strophe, Br. Bālu (à présent Swāmi Amṛtaswarupānanda) transforma légèrement la mélodie, mais Amma s'y opposa et le pria de conserver la mélodie d'origine. A cette époque, Amma accordait la plus haute importance à *bhakti* (la dévotion) et une importance moindre à la créativité musicale. Ce n'est pas qu'Amma n'appréciât pas la créativité mais elle souhaitait que nous nous concentrions sur Dieu, sans laisser la musique nous détourner de cet objectif. Les bhajans sont aujourd'hui toujours empreints de dévotion, mais afin de satisfaire les goûts musicaux des dévots, Amma chante des airs qui plaisent à un large public.

L'eau était rare à cette époque et donc précieuse. Amma nous réveillait tôt le matin afin que nous allions en chercher de l'autre côté de la lagune.

Elle supervisait tout le travail, afin de s'assurer que, par inadvertance, nous ne causions pas de problème aux voisins. Même après un dur labeur, nous ne ressentions jamais la fatigue. La vie était rude, mais nous en savourions chaque instant, même lorsque nous portions de lourdes pierres destinées à la construction ou que nous accomplissions n'importe quelle autre tâche.

Nous accompagnions souvent Amma lors de ses visites chez les dévots ; nous voyagions dans un véhicule à douze places. Amma s'installait sur le deuxième siège et Swāmi Rāmakṛṣṇānanda conduisait. Par manque de place, certains d'entre nous devaient s'asseoir sur les genoux des autres.

Je retournai terminer mes études à Mumbai, regagnai l'ashram au bout de dix mois, puis je repartis pour Kaṇṇūr où survint l'incident suivant, en 1986 :

L'un des programmes d'Amma, qui devait initialement se dérouler au temple de Śiva de Kaṇṇūr, fut annulé au dernier moment pour diverses raisons. Un autre programme fut alors organisé dans le centre qui m'avait hébergé durant mes études. Pourvu d'une vaste véranda et d'un jardin, il accueillit à cette occasion près de deux cents participants.

Deux groupes distincts y cohabitaient. Un premier groupe, dont je faisais partie, aimait chanter quotidiennement des bhajans. Les membres du second groupe passaient pour leur part beaucoup de temps à jouer aux cartes et à boire de l'alcool. Dire que la vision et les intérêts des deux groupes étaient opposés est un euphémisme. A la suite de la visite d'Amma, le second groupe renonça à ses activités coutumières. Telle est l'influence subtile, mais puissamment bénéfique, d'Amma.

Amma définit le mot *'āśram'* comme un composite de deux mots : *'ā'* et *'śramam,'* qui signifie 'cet effort-là.' Amma fait ainsi allusion à l'effort continuel nécessaire pour atteindre le but de l'existence humaine — connaître notre véritable nature en tant que pure conscience, qui se situe au delà de la naissance et de la mort. C'est seulement par la grâce du guru que nous pouvons atteindre cette *jñāna* ou Connaissance du Soi.

Le guru compatissant aide le disciple à obtenir les qualifications nécessaires pour être digne de recevoir et d'assimiler ses enseignements, qui mènent à la libération.

« Développez l'innocence d'un enfant de trois ans, » nous enseigne Amma. Seul celui qui est pur et innocent par nature peut acquérir la connaissance divine.

Amma, le guru, crée des situations qui nous rendent, en sa présence, pareils à des enfants. Nous sommes tous heureux de dire : « Je suis un enfant d'Amma ! » et d'éprouver ce sentiment. Amma encourage vivement cette attitude.

S'agissant des conditions d'éligibilité pour atteindre la libération spirituelle, d'autres qualités sont aussi importantes que l'innocence enfantine. « Amma, si Dieu existe, je veux Le tuer ! », affirma Br. Śrīkumār (à présent Swāmi Pūrṇamṛtānanda) la première fois qu'il se présenta devant Amma. « Il y a tant de souffrance dans ce monde. Pourquoi Dieu inflige-t-Il autant de souffrance aux êtres humains ? »

Alors jeune étudiant ingénieur, Br. Śrīkumār n'était pas encore versé dans les Écritures. Amma le délivra de tous ses doutes.

Cette clarté spirituelle se reflète dans un des bhajans qu'il composa par la suite, *'Āzhikuḷḷil dinakaran maraññu:'* « Le soleil s'est couché à l'ouest, sur l'océan, et le jour a entamé sa complainte. Ce n'est que la mise en scène de l'Architecte universel. Ce monde, empli de malheur et de peine, est une simple mise en scène de Dieu. »

Etre conscient des souffrances des autres et s'efforcer d'y trouver des solutions sont de nobles qualités, que doit posséder un chercheur spirituel. Seule une personne dotée de compassion est apte à atteindre la libération. Lorsque le Prince Siddhārtha prit conscience des souffrances du monde, il partit dans la forêt en quête d'une solution permanente à ces souffrances. Il découvrit la présence de Dieu en lui, sous la forme de la paix et de la joie infinies, et devint le Bouddha.

Dans l'un des bhajans chantés à l'ashram, *'Ini oru janmam ivanēkolā Kṛṣṇa,'* le poète implore : « O Kṛṣṇa, je T'en prie, ne m'accorde pas d'autre vie, de crainte que je ne tombe dans le profond bourbier de l'illusion. » Mais, plus loin dans le chant, il déclare : « Si je dois renaître, que je sois capable de donner aux autres la Joie impérissable et donc, d'être utile au monde. Si Tu m'accordes cela, alors donne-moi autant de vies humaines que Tu le souhaites ! »

Amma chante de nombreux bhajans dans cette veine. Dans *'Vardē Vardē,'* un bhajan plus récent, le poète demande : « Donne-nous des yeux qui voient la souffrance des autres, des oreilles qui entendent leurs chagrins et un esprit capable de comprendre les souffrances d'autrui ! »

Cette prière et cette attitude favorisent l'expansion de notre être et ainsi, nous nous voyons en tout être, ce qui élargit notre conscience. Dieu est conscience ; Amma est conscience, conscience infinie.

Dans les débuts de l'ashram, les brahmacārīs priaient ainsi : « *Āpyāyantu mama angāni...,* Puissent mes membres, les organes de mes sens et mon esprit atteindre leur pleine force afin de percevoir la Vérité qui sous-tend l'Univers. » Les sanyāsīs qui ont atteint la Connaissance du Soi et qui sont sur le point de quitter ce monde récitent la prière suivante avec vigueur et joie : *« Vāyur amṛtam anilam atha idam bhasmāntam śarīram* ; Puissent mes *prāṇas* (souffles vitaux) se fondre dans l'atmosphère ; que mon corps soit réduit en cendres (car il a rempli son office). »

Le bhajan *Rotē Jag Mē,* chanté par Amma, contient un vers particulièrement poignant : « Nous venons au monde en pleurant, mais nous devrions le quitter avec un sourire sur le visage. »

Ce n'est possible que par la grâce du guru.

Toujours l'enfant d'Amma

Lorsqu'une incarnation divine ou un grand sage vient au monde, il ou elle sanctifie le ventre de sa mère. Le Seigneur Viṣṇu sanctifia le ventre d'Aditī, l'épouse du sage Kaśyapa, en naissant sous la forme de Vāmana. Il sanctifia celui de Kausalyā en prenant la forme de Śrī Rāma et celui de Mère Dēvakī en devenant Śrī Kṛṣṇa.

Kausalyā et Dēvakī étaient des êtres célestes qui avaient accompli de nombreuses austérités et prié Dieu de leur accorder la grâce de s'incarner comme leur fils. D'autres êtres célestes descendirent également sur terre, à seule fin de donner naissance à de grandes âmes qui sanctifièrent le monde. Ce fut le cas de la mère de Bouddha, Mahāmāyā, qui mourut peu de temps après lui avoir donné le jour.

Il est dit dans les Écritures que Dieu s'incarne dans chaque ventre. Il existe des rites de purification, des rituels et des vœux, ou intentions spéciales, appelés *samskāras,* destinés à purifier à la fois le père et la mère, afin que leur progéniture soit vertueuse. Le ventre de la mère, en particulier, est purifié afin d'en faire un réceptacle digne de recevoir le Divin. Le sage Kaśyapa et Aditī furent les parents de Viṣṇu, et ceux d'autres déités également. La seconde épouse de Kaśyapa, Ditī, donna quant à elle naissance aux *daityas*, les démons.

Au début des années soixante, deux garçons âgés de cinq et six ans vivaient avec leurs grands-parents, dans la ville où ils étaient nés, au nord du Kérala. Leurs parents travaillaient à cette époque-là à Chennai, dans le Tamil Nadou. En juin 1963, leur mère, Remāmaṇī, regagna la maison familiale afin d'y donner naissance à son troisième enfant. Elle était accompagnée de sa jeune servante, Gaurī. Au matin du 16 juillet, elle mit au monde une petite fille. Les deux frères du bébé, tout excités par l'arrivée d'une petite sœur, la nommèrent Uṣā. Cette nuit-là, Uṣā mourut. Le 8 août, moins d'un mois après l'accouchement, Remāmaṇī décéda à son tour. Gaurī lui était très attachée et fut accablée de chagrin. Elle déclara solennellement : « Désormais, je prendrai soin des fils de *Remā-akkā*[1] et je cuisinerai pour eux. »

Comme Remāmaṇī, Gaurī était très pieuse. Chaque matin, elle se levait tôt, faisait sa toilette, récitait ses prières, puis cuisinait pour les enfants et leurs grands-parents. Les garçons grandirent. Je suis l'aîné de ces deux enfants. Bien que ma famille fût très pieuse, je me demandais souvent pourquoi j'éprouvais une telle dévotion envers Śrī Karumārī-amman (le nom tamoul de la Déesse Pārvatī). Je n'avais pourtant séjourné que très brièvement à Chennai, dans le Tamil Nadou, avant de rejoindre l'ashram d'Amma. Il est fort possible que j'aie assimilé cette dévotion au travers de la nourriture cuisinée pour nous par Gaurī pendant toutes ces années.

J'accompagnai un jour Amma chez des dévots, à Chennai. En s'asseyant dans la pièce de la maison réservée à la pūjā, Amma remarqua un tableau représentant Karumārī-amman.

Elle désigna le portrait du doigt : « La mère de Satyātma ! » indiqua-t-elle en souriant ('Satyātma' était mon nom de brahmacārī.)

---

[1] Akkā signifie soeur aînée.

« Mais Karumārī-amman ne brandit plus l'épée et le trident ! » répliquai-je, en faisant allusion aux années où Amma brandissait ces deux attributs pendant ses Bhāva darshans.

Je rends grâce à ma mère terrestre de m'avoir à la fois donné ce corps et transmis le bon *samskāra* (valeurs fondamentales) qui m'ont permis de venir à la Mère divine et de demeurer auprès d'elle pour le restant de mes jours. Tous les enfants d'Amma doivent remercier leurs parents de leur avoir transmis de bons samskāras, qui les ont amenés jusqu'à Amma.

Sacré entre tous est le ventre de la Mère divine. Peu après ma venue à l'ashram, j'assistai à des cérémonies au cours desquelles Amma tenait des bébés sur ses genoux et leur donnait un nom, ou leur première bouchée d'aliments solides. J'aspirais moi aussi à être sur les genoux d'Amma. Je lui dis que je souhaitais venir au monde en tant que son enfant. A ces mots, Amma rit de bon cœur et répliqua : « Dans ce cas, je vais devoir épouser Śiva ! »

Sentant que le voeu que je venais de formuler la perturbait, je le rectifiai : « Il me suffira de venir au monde avec l'un de tes proches dévots pour parent. Alors, tu pourras me tenir sur tes genoux et me nourrir ! » Je m'étais exprimé avec beaucoup de ferveur et de sincérité et Amma sembla satisfaite. Par la suite, il lui arrivait souvent de mentionner ce que je lui avais dit devant d'autres dévots. Elle le fit même auprès de certains dévots aux États-Unis, lors de son tour des U.S.A. Amma savait que ces personnes me répéteraient ses paroles.

Et en effet, Swāmi Pūrṇamṛtānanda, ainsi que deux autres dévots, me les rapportèrent en détails par e-mail. J'accueillis cela comme un rappel d'Amma m'encourageant à maintenir en permanence ce *bhāva* (attitude dévotionnelle) : « Je suis à jamais son enfant ». Ainsi qu'Amma nous le dit souvent : « Pour connaître Dieu, développez l'innocence d'un enfant de trois ans ! »

Depuis quelques années, avant de partir pour le tour du Japon et des U.S.A. qui se déroule l'été, ou pour le tour d'Europe, en automne, Amma vient dans le grand hall confectionner des *dōsas* (crêpes indiennes) pour ses enfants. Absorber la nourriture qu'Amma a touchée nous purifie. Même lors de ses tournées, que ce soit en Inde ou à l'étranger, Amma prend grand plaisir à nourrir ses enfants.

Tous les enfants aiment la nourriture cuisinée par leur mère ; rien ne les satisfait davantage.

Seule une mère peut réellement apaiser la faim d'un enfant. Lorsqu'elle cuisine pour ses enfants, elle le fait avec amour. La nourriture est imprégnée de son amour, mais également de ses qualités. Les enfants qui mangent la nourriture préparée par leur mère développent ses qualités et un lien d'amour puissant avec elle. Lorsque nous consommons des aliments cuisinés dans un restaurant, le samskāra des cuisiniers du lieu s'insinue en nous à travers la nourriture. Les restaurants ont pour vocation de faire du profit, et lorsque nous ingérons des aliments préparés dans un tel environnement, la vibration commerciale, liée à l'appât du gain, affecte nos esprits.

Un riche dévot convia un jour un célèbre sanyāsī à un banquet. Le sanyāsī accepta l'invitation. Mais le jour venu, il fut retenu par une mission importante. Il envoya donc chez le dévot l'un de ses plus anciens disciples, qui s'y vit offrir un somptueux festin. Tout en mangeant, cependant, le disciple horrifié se sentit assailli par le désir irrépressible de dérober une tasse en argent sur la table. Incapable de contrôler cette pulsion étrange et négative, il vola la tasse !

La nuit suivante, assailli par la culpabilité, il ne put trouver le sommeil. Il se leva, alla voir son guru et lui confessa son geste. « O, guru, j'ai commis un crime inexcusable. J'ai volé une tasse en argent à votre dévot. Je vous prie de me pardonner et de m'indiquer ce que je dois faire. »

Le sanyāsī répliqua calmement : « Rends-toi demain chez l'hôte qui t'a reçu, restitue la tasse et demande-lui pardon ».

Le disciple suivit les conseils du guru. Son hôte, choqué par cet aveu, demanda par la suite au sanyāsī. « Swāmiji, comment votre disciple a-t-il pu commettre un tel acte ? » Le guru voulut savoir en retour qui avait préparé la nourriture servie au disciple. Embarrassé, l'hôte répondit « Swāmiji, mon épouse étant indisposée, c'est une de nos voisines qui a cuisiné le repas ». [2]

Le sanyāsī pria le dévot de se renseigner au sujet de la cuisinière ; celui-ci fut surpris d'apprendre que cette femme avait pour habitude de voler ! La nourriture qu'elle avait préparée avait absorbé cet aspect négatif et, en conséquence, affecté le disciple.

[2] Dans les maisons indiennes traditionnelles, les femmes ne cuisinent pas lors de leurs menstruations.

A jamais l'enfant d'Amma, mais un cnfant qui grandit en Sagesse

Lorsque j'étais au lycée, je lus un texte célèbre de Shakespeare dans laquelle il décrit « Les Sept Ages de l'Homme. »

Le monde entier est un théâtre,
Où hommes et femmes, ne sont que des acteurs.
Au début, le bébé,
Vagissant et régurgitant dans les bras de sa nourrice.
Puis l'écolier
Et son frais visage du matin
Pleurnichant et se traînant
Tel le limaçon, avec son cartable
A contre-cœur jusqu'à l'école.

Shakespeare décrit enfin l'ultime état de l'homme, le grand âge, comme une « seconde enfance et un néant total, sans dents, sans yeux, sans goût, sans rien. » Si l'on considère la vie humaine en général, la description du poète est très vraie. La conscience d'un bébé est très restreinte ; en dehors de ses propres sensations de faim ou de soif, qu'il exprime par des pleurs, il a relativement peu conscience de son corps. A mesure que l'enfant grandit, sa conscience s'élargit. Ses organes des sens, son esprit, se développent et il perçoit alors davantage d'éléments du monde qui l'entoure.

Mais la croissance du corps n'est pas illimitée. Bien avant l'âge mûr, le corps commence à s'affaiblir et les organes des sens à se détériorer. Dans l'infirmité de la vieillesse, l'homme demeure cloué à un lit, aussi impuissant qu'un nouveau-né, réclamant soutien et assistance pour répondre aux simples besoins de la nature. Shakespeare avait une compréhension clairvoyante et même philosophique de l'existence humaine, de ses limites et de son impermanence.

Dans *La Tempête,* il écrit :

> Les tours coiffées de nuées, les splendides palais,
> Les temples solennels, l'immense globe lui-même,
> Oui, tout ce qu'il contient, va se dissoudre,
> Et, comme ce spectacle illusoire s'est dissipé,
> ne laissera nulle trace derrière lui.

En ce temps-là, il n'existait pas de « tours coiffées de nuées ». Comment Shakespeare pouvait-il savoir qu'il y aurait des gratte-ciels dans le futur ? Ses observations et ses conclusions étaient perspicaces, pénétrantes, et sa prescience, géniale ! Dans les vers ci-dessus, il souligne le caractère éphémère de la création. Non seulement les êtres vivants, mais la terre elle-même périra un jour. Les *Purāṇas* évoquent de façon similaire *praḷaya*, le moment où la création entière se dissoudra en Viṣṇu.

La culture indienne pose comme principe les « quatre étapes de la vie humaine », à savoir, *brahmacārya* (la vie d'étudiant célibataire), *gārhasthya* (la vie de famille), *vānaprastha* (la retraite) et *sanyāsa* (le renoncement). La conception indienne du dernier stade de l'existence est celle de la liberté, de la libération totale de tous les attachements et désirs liés au monde. L'individu parvenu à cet état possède la pleine conscience, pôle diamétralement opposé au « néant total » de Shakespeare. Celui qui nous guide vers la libération spirituelle est le guru, qui façonne les disciples et les dévots pour qu'ils évoluent et progressent au maximum.

Il y a des années, un dévot fit cette remarque aux plus anciens sanyāsīs de l'ashram : « Les swāmis se croient encore des enfants, ils ont une attitude ludique. Ils n'ont pas grandi ! »

Swāmi Amṛtaswarupānanda lui répondit en ces termes, « Je suis au regret de vous avouer que nous refusons de grandir ! Nous sommes de petits enfants pour la vie, les enfants d'Amma ! »

Ceux dont l'esprit est constamment occupé par Amma et sa nature infinie ne peuvent jamais avoir le sentiment d'être grands ou adultes ; ils sont toujours pareils à des enfants.

Un non-croyant demanda un jour, « Pourquoi Mère Kālī n'est-elle pas vêtue correctement ? »

Je répliquai : « Lorsqu'une mère sort de la salle de bains et qu'elle voit son bébé de trois mois sur le lit, elle ne prend pas la peine de se couvrir. Mais si un enfant plus âgé frappe à la porte, la mère le fait patienter et enfile rapidement ses vêtements avant d'aller ouvrir.

En présence de la Mère divine, qui pourrait prétendre être un adulte ? Nous ne sommes tous que des bébés. En tant qu'enfants d'Amma, apprenons à devenir petits.

Elle est l'océan et nous sommes des fragments de glace flottant à la surface de cet océan. Il s'agit de fondre et de devenir de plus en plus petits, jusqu'à nous dissoudre complètement en elle.

Les temples en Inde, et spécialement dans le sud, sont magnifiques, et les ornements des idoles véritablement splendides. A leur spectacle, même un roi aura le sentiment de se trouver en présence de Dieu. « Il est tout. Je ne suis rien ! » telle devrait être la ferme conviction de chaque dévot.

Un dévot me demanda un jour : « Est-il nécessaire de se rendre au temple ? Mon père m'a appris à prier à la maison avec sincérité et dévotion. »

Je souhaite, en premier lieu, féliciter le père qui apprit à son fils à prier ainsi. De nos jours, bon nombre de pères ne le font pas ! J'avais à peine six ans lorsque je perdis ma mère terrestre. Mais bien avant qu'elle ne décède, elle nous avait déjà appris, à mon frère et à moi, à chanter des bhajans tous les jours après le coucher du soleil.

Voici la réponse à la question de ce dévot : Si, en priant chez vous, vous avez réussi à élargir votre conscience jusqu'à percevoir l'univers entier comme la famille de Dieu, il n'est alors pas nécessaire que vous alliez au temple. Toutefois, si vous n'êtes pas en mesure d'élargir votre esprit bien que vous fréquentiez régulièrement le temple, ces visites n'ont pas atteint leur objectif.

A la maison, nous prions pour le bien-être de notre famille : « O Amma ! Bénis *mon* père, *ma* mère, *mes* frères et *mes* sœurs. » Les satgurus tels qu'Amma nous apprennent à élargir notre conception du « mien » pour y inclure l'univers entier. Ils nous font comprendre que tous les êtres de cet univers sont reliés et interdépendants, et que « mon bonheur » dépend du bonheur de tous les autres êtres. Amma nous enseigne cette vérité universelle. C'est pourquoi nous récitons le mantra *lōkāḥ samastāh sukhinō bhavantu* (Puissent tous les êtres dans tous les mondes être heureux).

Récitons ce mantra avec sincérité et dévotion et, comme le camphre qui brûle jusqu'à se dissoudre dans l'atmosphère, puissions-nous finalement nous fondre dans le feu de la sagesse et de la dévotion, ne plus faire qu'un avec l'Être suprême présent en tout.

La seconde enfance décrite par Shakespeare est un état d'impuissance et de dépendance : mourir et renaître pour perpétuer la misère de l'existence terrestre. En revanche, la seconde enfance d'un être spirituellement éveillé est remplie par la conscience en constante expansion, la pureté enfantine, la simplicité et l'innocence, et la richesse que constitue la sagesse. O Amma, accorde à tes enfants de se fondre dans l'éternité, la paix et la joie infinies. Puissions-nous être à jamais tes enfants, mais des enfants qui grandissent continuellement en sagesse.

Comme des perles sur un fil

A l'aube de l'année 2004, Amma posa une question aux personnes rassemblées à Amritapuri pour célébrer le nouvel an : « Comment pouvons-nous contribuer à minimiser les conflits et l'agitation planétaires ? »

Elle appela quelques noms, dont le mien, et nous demanda de répondre à sa question. Les dévots s'exprimèrent l'un après l'autre.

« Le seul moyen de contribuer à réduire l'agitation planétaire consiste à faire son propre examen de conscience, à se maîtriser et à se corriger ! » affirma l'un d'entre eux.

Certains des étudiants de nos écoles d'Informatique et d'Ingénieur prièrent Amma de leur donner la force de ne pas répéter les erreurs qu'ils avaient commises, consciemment ou inconsciemment, au cours de l'année écoulée.

« Nous devons être soudés comme une équipe de football ; remporter la victoire exige un effort collectif, ainsi qu'un solide esprit d'équipe, » répondit un autre dévot.

Tout en écoutant, je préparais mentalement ce que j'avais l'intention de dire.

En premier lieu, je me rappelai l'enseignement d'Amma, prodigué plusieurs années auparavant, « Un chercheur spirituel, tel un bon homme d'affaire, examine ses pertes et ses profits à la fin de chaque journée, de chaque semaine, de chaque mois et de chaque année ».

En tant que chercheurs spirituels, examinons les actes de dévotion, la méditation et le service désintéressé que nous avons accomplis. Il s'agit aussi d'évaluer le degré de purification qui s'est opéré en nous, lequel se mesure à la dose de paix et de joie que nous ressentons dans la vie quotidienne, et au niveau de détente avec lequel nous sommes capables d'affronter les épreuves.

Un très beau passage du *Rāmcaritmanas* de Tulsīdās raconte que lorsque Lakṣmaṇa tua Indrajit, le fils de Rāvaṇa, Indrajit cria : « Ô Rāma ! Ô Lakṣmaṇa ! » En l'entendant, Hanumān et Angad (le fils de Vali) s'exclamèrent, saisis d'admiration : « Ô Indrajit, ta mère est bénie en vérité, pour avoir donné naissance à un fils qui se souvint de Rāma au moment d'affronter la mort ! »

Si nous voulons devenir dignes d'être appelés les enfants d'Amma, souvenons-nous constamment de la Mère divine. C'est uniquement ainsi que nous nous souviendrons d'elle au moment de quitter le corps terrestre.

Mon esprit revint ensuite à la première réponse donnée, faire son propre examen de conscience, se maîtriser et se corriger, puis, à la deuxième, remporter la victoire exige un effort collectif, ainsi qu'un solide esprit d'équipe. « C'est bien vrai ! » songeai-je. En tant qu'enfant d'Amma, chacun de nous doit s'efforcer de donner le meilleur exemple possible au sein de la famille, de la société, de la nation et du monde. Un maillon faible sur une chaîne affaiblit toute la chaîne. Un musicien qui fait une fausse note affecte l'harmonie de l'orchestre entier. Un soldat revêtu d'une tenue civile lors d'une parade gâcherait l'uniformité esthétique de tout le contingent.

Amma illustre ce principe par une belle image : nous, ses enfants, devons être comme les touches d'un harmonium.

Les 40 touches individuelles d'un harmonium sont extrêmement proches, comme si elles formaient un seul bloc. Cependant, bien qu'elles semblent se toucher, elles sont indépendantes les unes des autres ! Ainsi, lorsqu'on appuie sur une touche, celles qui se trouvent à proximité ne réagissent pas, ce qui perturberait la mélodie. De même, les enfants d'Amma doivent être très proches les uns des autres, car ils sont membres d'une même famille. Mais, en même temps, il ne s'agit pas d'être attachés les uns aux autres, parce que nous sommes des chercheurs spirituels. « Aimez tout le monde sans attachement, » c'est ce que nous enseigne Amma.

Amma, le musicien divin, crée la musique divine sur l'harmonium composé des touches incarnées par les dévots. Prions Amma que les vibrations divines de sa musique imprègnent l'univers entier ! Puisse l'humanité tout entière l'entendre, taper dans les mains et, tout en dansant sur sa mélodie, progresser vers la paix et le bonheur éternels.

La grâce salvatrice

Amma révèle parfois son omniscience, bien qu'elle n'ait étudié ni les Écritures védiques, ni les *Purāṇas* ou autres textes. Dans les premiers temps de ma venue à l'ashram, elle disait souvent, « Mes enfants, ne demandez rien de moins que *Ātmasākṣātkāram* (la Réalisation du Soi.) » Cela indique qu'elle connaît l'essence des enseignements védiques : la connaissance de l'*Ātma,* du Soi, et qu'elle est capable de nous mener à cet état suprême.

Je fis l'expérience directe de la nature omnisciente d'Amma lorsqu'elle me dit un jour : « Mon fils, je n'ai pas appris les Vēdas. En conséquence, il se peut que tout ce que je dis ressemble au coassement d'une grenouille. Tu as étudié les Écritures. Alors, transmets leur enseignement aux résidents de l'ashram ».

Je fus ébahi, car Amma venait de faire allusion à la *Māṇḍūkya Upaniṣad,* la plus ardue des Upaniṣads, qui nous enseigne à réaliser l'Ātma éternel et à renoncer à tous les objets et à toutes les relations de ce monde, car ils sont illusoires. Pour la plupart des gens, ce conseil est difficile et même désagréable à entendre, tel le coassement d'une grenouille. *Māṇḍūkya* signifie grenouille.

La méditation *Mā – Ōm* qu'enseigne Amma, durant laquelle le dévot prononce mentalement « Mā » en inspirant, et « Ōm » en expirant, est également révélatrice de sa nature omnisciente. La *Kaṭhōpaniṣad* dit : « Celui qui récite « Ōm » au moment où il quitte son corps atteint *Brahmalōka* » (2.17).

Si nous prenons l'habitude de psalmodier les sons "Mā - Ōm," nous prononcerons naturellement le son « Ōm » en rendant le dernier souffle et irons ainsi vers le monde supérieur.

Un pêcheur était assis au bord d'une rivière, sa ligne entre les mains, attendant patiemment qu'un poisson morde à l'hameçon, quand il entendit soudain un cri : quelqu'un était tombé à l'eau. Il courut en direction du son et vit un homme qui agitait frénétiquement les mains. Le pêcheur attacha un petit sac autour de son hameçon et le lança en direction de l'homme qui se noyait. « Attrapez-ça ! » lui cria-t-il. L'homme saisit le sac et fut halé en sécurité jusqu'à la rive.

Le fil de nylon qui relie la ligne à l'hameçon est ténu, presque invisible, et pourtant si solide qu'aucun poisson ne peut le rompre en exerçant sur lui une traction quelconque ! L'homme qui se noyait connaissait la solidité du fil de pêche. Il eut le bon sens de s'en saisir et fut sauvé.

Le darshan d'Amma est comparable à ce fil. Lorsqu'Amma donne le darshan à une foule importante de dévots, chacun n'obtient peut-être que quelques secondes de son contact divin et de ses paroles de réconfort. Mais c'est suffisant ! Celui qui a reçu le darshan devrait ensuite aller s'asseoir dans le hall ou dans un lieu paisible, fermer les yeux, et se laisser imprégner par cette expérience, au lieu de dissiper l'énergie divine en s'engageant dans une conversation ou une activité futile.

Un vieux dévot d'Amma, excellent professeur de communication qui enseigne dans une des universités de gestion et de management d'Amma, déclara : « En l'espace de quinze secondes, Amma réussit à forger un lien solide avec les dévots qui reçoivent son darshan ! Il n'existe au monde aucun cours de communication susceptible de vous préparer à conquérir en quinze secondes l'amitié et la foi des gens ! »

Cela ne signifie pas qu'il suffise de passer quinze secondes auprès d'Amma. Il est nécessaire de laisser l'impact du darshan pénétrer profondément en nous, afin que son souvenir soit de plus en plus clair et puissant. Nous penserons ainsi à Amma de plus en plus longuement, intensément et continuellement.

Lorsque c'est possible, ne manquons jamais une occasion de nous asseoir auprès d'Amma. La présence physique du guru est sans égal. Il n'existe aucune autre *sādhana* (pratique spirituelle) capable de nous purifier aussi profondément.

Chaque année, la veille de l'anniversaire d'Amma, un des plus anciens swāmis se rend dans la cuisine de l'ashram pour y allumer une lampe devant la photo d'Amma. D'immenses marmites et chaudrons ont déjà été placés sur les brûleurs, prêts à accueillir les aliments destinés aux centaines de milliers de dévots qui assisteront à la célébration de l'anniversaire d'Amma ; une mèche imbibée d'huile est ensuite allumée à cette lampe, puis utilisée pour allumer tous les feux sous toutes les marmites. Cette flamme unique devient donc le feu qui cuira la nourriture pour tout ce monde.

Le darshan de quinze secondes est pareil à une petite flamme qui peut devenir un feu dévorant d'intense dévotion, capable de brûler le fardeau de prārabdha accumulé au cours de nombreuses vies passées !

Ce feu dévotionnel éveille également l'inspiration divine, l'enthousiasme et la force de servir le monde et d'amener davantage de gens vers Amma.

Dans la *Bhagavad Gītā*, le Seigneur Kṛṣṇa dit,

svalpamapyasya dharmasya
trāyatē mahatō bhayāt

Même une infime parcelle de cette connaissance divine protège de toute peur. (2.40)

Un ivrogne était en chemin vers son débit de boisson habituel. En traversant la route, il aperçut Śrī Caitanya Mahāprabhu[3] et ses dévots qui venaient dans sa direction en chantant et en dansant.

Comme il aimait danser, il se dit : « Je vais me joindre à la danse. Après quoi, j'irai boire ! » Il se joignit au groupe et dansa en leur compagnie jusqu'à ce qu'ils arrivent au temple. Le temps qu'il regagne son bar habituel, l'établissement était fermé, donc il rentra chez lui.

Le lendemain, la même chose se reproduisit : il se joignit à la danse, atteignit le temple, puis rentra chez lui. Jour après jour, il en fut ainsi. Très vite, l'homme attendit avec impatience le moment de danser avec le groupe qui chantait des chants dévotionnels. Ses vieux amis, ne le voyant plus au bar, lui demandèrent pourquoi il n'y venait plus.

[3] Un saint (1486 – 1534 apr J.-C.) qui recommandait le chemin de la dévotion au Seigneur Kṛṣṇa, comme le moyen d'atteindre la perfection dans cette vie.

Il leur répondit en souriant, « J'ai découvert une ivresse nouvelle, celle de la *bhakti* (la dévotion). L'ancienne ivresse n'est rien comparée à celle-ci ! »

L'alcoolisme débute par un petit verre, puis ce geste devient une accoutumance qui finit par faire sombrer le buveur dans la dépendance. La *bhakti* commence elle aussi par une petite gorgée. La dose augmente progressivement. Si une personne s'imprègne du nom divin, elle se fond dans l'océan de la béatitude. Les vagues de la béatitude l'entraînent graduellement vers l'autre rive de l'Immortalité !

Lorsque des dévots se rendent en pèlerinage dans des lieux sacrés, les plus sages d'entre eux s'assoient ou marchent en silence et se laissent imprégner profondément par l'expérience du lieu.

Ils rentrent ensuite chez eux, purifiés par le souvenir des lieux sacrés profondément imprimé dans leur cœur. Les autres capturent ce qu'ils voient sur leurs téléphones. Et donc, Vṛndāvan et Bōdh Gayā[4] demeurent uniquement dans la mémoire de leurs téléphones portables ou de leurs ordinateurs !

De nombreux dévots d'Amma gardent des photos et des vidéos d'Amma, ainsi que des messages d'elle reçus via WhatsApp. Il est certes bon de conserver ces images et enseignements dans son téléphone.

Imprimons-les également dans nos coeurs. Car alors, nous serons réellement sauvés. *'Svalpam api'* une petite dose d'Amma suffit à nous empêcher de sombrer dans l'océan du monde.

---

[4] Bōdh Gayā est le lieu où le Seigneur Bouddha atteignit l'éveil spirituel.

Je me souviens d'une courte vidéo que j'ai conservée dans mon cœur. Un ācārya âgé demande à ses disciples brahmacārī, Que faire lorsqu'on est en danger ? Les jeunes disciples répondent,

> *smaraṇīyam caraṇayugaḷam ambāyāh!*
> Il faut se souvenir des pieds sacrés d'Ambā, la Mère divine !

Et la Mère divine, pleine de compassion, accourt en hâte au secours de ses enfants chéris !

Ne pensons jamais qu'Amma est loin de nous. Voici ce que dit Amma :

> *illa ōmane, illa jñān ninnil nin*
> *orunāḷum akannu pōkayilla!*

> Jamais, mon enfant chéri, jamais je ne t'abandonnerai ni ne m'éloignerai !

Amma est *hṛdayanivāsini* : elle demeure dans notre cœur. « *Svalpamapyasya dharmasya*, Amma est toujours avec moi ». Si cette compréhension s'enracine fermement dans notre esprit, alors « *trāyatē mahatō bhayāt*, elle nous protégera de toute peur ».

Là où est Amma, là se trouve Amritapuri.

C'était l'aube, mais le soleil semblait hésiter à se lever. Les habitants d'Ayōdhyā priaient pour qu'il ne se lève jamais, parce que la venue du jour leur déroberait la vie et l'âme mêmes d'Ayōdhyā : Śrī Rāma. C'était le jour où le Seigneur Rāma, son épouse, Sītā, et son frère, Lakṣmaṇa quitteraient le royaume pour la forêt. L'entière cité d'Ayōdhyā était plongée dans l'affliction. Beaucoup étaient indignés par l'injustice qui s'abattait sur Rāma, leur Dieu sous une forme humaine.

Seuls trois visages rayonnaient de paix divine : ceux de Rāma, Sītā et Lakṣmaṇa. Tous trois membres de la dynastie Sūrya, ils faisaient peu de cas du luxe, des richesses, des plaisirs des sens ou de toute autre forme de confort personnel.

Ils n'avaient qu'une pensée à l'esprit : le *dharma* (la droiture, la vertu, la loi divine). Le Seigneur Rāma était l'incarnation même du dharma. Et quant aux autres membres de sa famille, l'illustre auteur du *Rāmāyaṇa,* Vālmīki lui-même, aurait peiné à dire lequel surpassait les autres en noblesse et en probité.

Le *Rāmāyana* contient de nombreux et subtils enseignements et vérités capables de guider le genre humain jusqu'au but ultime, la réalisation de Dieu. Bien que Sumitrā, la mère de Lakṣmaṇa, fût la plus jeune des trois reines, elle s'avéra aussi la plus sage. Elle encouragea son fils à suivre Rāma dans la forêt et à Le servir. « Là où est Śrī Rāma, là se trouve Ayōdhyā. O, fils, va avec ma bénédiction et sois en paix ! »

Si Ayōdhyā se trouve là où est le Seigneur Rāma, Amritapuri n'est-il pas là où se trouve Amma ? Les enfants d'Amma répondront à cette question de différentes façons, mais tous s'accorderont sur un point : en l'absence physique d'Amma, l'ashram d'Amritapuri n'est plus le même. La présence physique d'Amma est comme le soleil radieux qui illumine et énergétise. En son absence, l'ashram paraît triste. Quelques jours avant le départ d'Amma, même la nature semble immobile et abattue, et quelques jours avant son retour, elle s'illumine de nouveau. Là où est Amma, la nature elle-même se joint à ses enfants pour rendre le lieu festif.

Amritapuri est néanmoins un lieu extraordinaire. Les enfants d'Amma qui l'accompagnent lors de son tour de l'Inde, ainsi que ceux qui la suivent à l'étranger, sont heureux de retourner à Amritapuri, leur doux foyer !

D'Ayōdhyā, le Seigneur Rāma marcha très loin en direction du sud, jusqu'à l'île de Lanka. Les endroits où le Seigneur se reposa, séjourna et pria devinrent des lieux sacrés. Notre devoir est de les préserver de notre mieux. Les Srilankais ont préservé de nombreux endroits liés au *Rāmāyana* : Aśōka Vana, où Sītā fut retenue captive et où Hanumān la retrouva, ainsi que l'endroit, parmi d'autres, où atterrit la *vānara sēna* (armée des singes).

Cependant, de toutes ces destinations de pèlerinage, Ayōdhyā demeure la plus importante aux yeux des dévots de Rāma. Nul autre lieu sacré ne peut être comparé à Ayōdhyā.

De la même façon, le Seigneur Kṛṣṇa naquit et grandit à Gōkul. Il partit ensuite à Mathura, où il entreprit une sorte de campagne d'*'Amala Bhāratam'* (Nettoyage de l'Inde), exterminant les ordures incarnées par Kamsa et sa tribu démoniaque.

Combien de campagnes d'Amala Bhāratam les avatārs du passé n'ont-ils pas menées !

Le but même de la venue au monde d'Amma est Amala Bhāratam : opérer parmi les communautés humaines, non seulement en Inde mais tout autour du monde, un nettoyage des déchets qui souillent notre planète sous la forme de l'égoïsme, de l'avidité et de l'ego.

A la lecture du *Dēvī Māhātmyam*, on voit le nombre d'Amala Bhāratams que lança Dēvī, la déesse ! Elle débarrassa la terre d'ordures incarnées par des démons tels que Madhu-Kaitabha, Śumbha-Niśumbha et Mahiṣāsura, et de leurs tribus. Après chaque campagne d'Amala Bhāratam, non seulement les humains, mais les dieux eux-mêmes purent respirer de l'air frais. Le cœur empli de gratitude, de dévotion et de joie infinie, ils adressèrent cette prière à Dēvī,

> *sarva mangala māngalyē śivē sarvārtha sādhikē*
> *śaranyē tryambakē gauri nārayaṇi namōstutē*

> Nous nous prosternons devant Toi, Ô Nārayaṇi (épouse du Seigneur Viṣṇu), essence de tout ce qui est propice ; Tu accordes la prospérité, Tu es l'unique refuge, dotée de trois yeux et d'un visage superbe !

Le Seigneur Kṛṣṇa demeura un certain temps à Mathura avec ses parents et grand-parents. Il existe toutefois une différence entre Mathura et Gōkul. En l'absence physique de Kṛṣṇa, aucun lieu ne pleura comme Gōkul ! En l'absence physique de Rāma, aucun lieu ne versa autant de larmes qu'Ayōdhyā ! En l'absence physique d'Amma, aucun autre lieu ne pleure comme Amritapuri ! De nombreux ashrams d'Amma sont des paradis sur terre, paisibles et chargés de présence divine. Néanmoins, Amṛtapuri est unique, le noyau de vibrations spirituelles.

Lors d'un récent festival Brahmasthānam à Triśśūr, une dévote relata l'expérience saisissante qu'elle avait eue de nombreuses années auparavant, alors qu'elle venait recevoir le darshan d'Amma à Amritapuri. C'était l'époque où Amma donnait encore le Bhāva Darshan dans le kalari.

Tout en contemplant Amma, elle avait vu son visage se transformer en celui de Kālī ou de Cāmuṇḍī (une forme de la Mère divine), qui a deux longues dents descendant de la gencive supérieure. Mais là, les deux longues dents montaient de la mâchoire inférieure d'Amma. A ce spectacle, la dévote fut submergée par la dévotion, et en même temps perplexe et désorientée face à l'aspect inhabituel d'Amma.

Quelques jours plus tard, au temple de Paramara Dēvī, à Kochi, elle vit un tableau représentant Dēvī, laquelle ressemblait exactement à Amma pendant son darshan de Dēvī Bhāva ! Dans toutes les formes *raudra* (féroces) de Dēvī, ses canines descendent de sa mâchoire supérieure. A une exception près, celle de Vārāhī, le pouvoir féminin de Varāha, l'incarnation de Viṣṇu en sanglier.

Le *Nārayaṇi Stutī,* au chapitre 11 du *Dēvī Māhātmyam,* proclame,

gíhitōgra mahācakrē
danṣṭrōddhṛta vasundharē
varāha rūpiṇī śivē,
nārayaṇi namōstutē!

> Prosternations à Tes pieds, Ô Nārayaṇi, Ô Śivē, qui a relevé la terre avec Tes défenses de persévérance ; Tu lances le grand disque du temps tournoyant, Ô Déesse propice qui a la forme d'un sanglier ! (17)

Lors du soixantième anniversaire d'Amma, des tableaux représentant l'avatar de Viṣṇu, Varāha, ornaient les quatre entrées du hall où fut célébrée le *Mahācaṇḍikā Hōma*[5].

Ainsi que nous l'avons mentionné plus haut, le Seigneur Viṣṇu a pris l'humble forme d'un sanglier afin d'élever la terre hors de l'océan. Il est appelé *'Yajña Varāha.'* Tout acte entrepris dans le but d'élever le monde est un *yajña.*[6] A l'instar du sanglier divin, soyons prêts à entreprendre n'importe quelle tâche en vue d'élever la conscience du monde. Amma ne montrait-elle pas à cette dévote qu'elle était venue sur terre dans le but d'élever la conscience dans le monde et de rétablir le dharma ? De nombreux visiteurs à Amritapuri ont eu des expériences similaires de la nature divine d'Amma.

Swāmi Amṛtaswarupānanda me raconta un jour l'expérience vécue par un garçon de sept ans, dans l'un des centres d'Amma, aux USA. Le darshan de Dēvī Bhāva d'Amma s'achevait. Comme à son habitude, elle s'avança lentement jusqu'au devant de la scène. Habituellement, elle y demeure un certain temps, lance une pluie de fleurs sur ses dévots, un sourire divin sur le visage. Puis lentement, son regard devient distant et se dirige légèrement vers le haut.

---

[5] Rituel au cours duquel une oblation ou offrande religieuse est offerte dans le feu sacrificiel.

[6] Rituel védique accompli devant un feu sacré.

A cet instant, le garçon, qui tenait la main de son père, s'exclama, « Papa, je vois plein de gens très grands et à l'aspect majestueux, avec de longs cheveux et des barbes ! Je vois aussi beaucoup de beaux messieurs et de belles dames vêtus magnifiquement comme des rois et des reines. Ils regardent tous Amma, les mains jointes en prière. »

L'enfant avait vu des *ṛṣis* (sages) et des *dēvas* (déités) et leurs pouvoirs féminins, tous venus à l'occasion du darshan d'Amma. Amma elle-même dit que de tels êtres viennent assister au darshan. Que ce soit à Amritapuri ou aux États-Unis, elle est la même. Nous percevons Amma selon la capacité de nos instruments de perception, c'est-à-dire de nos yeux, de nos oreilles et de notre esprit. Si le soleil s'approchait un petit peu plus près de la terre, nous péririons brûlés ! De même, notre équipement corps-esprit n'a qu'une capacité limitée. Amma ne manifeste que la quantité de puissance que nous sommes capables de percevoir à travers nos sens et notre esprit limités.

Ceux qui ont pratiqué de nombreuses austérités connaissent mieux Amma. La plupart des enfants d'Amma trouvent qu'Amritapuri, qui est chargé de vibrations spirituelles, est le meilleur endroit pour pratiquer des austérités. C'est un lieu incomparable, en effet ! Amma elle-même dit que de grands sages y ont jadis pratiqué une ascèse. Amritapuri est donc *tapō bhūmi* (demeure des austérités), *karma bhūmi* (demeure de l'action désintéressée) et *mōkṣa bhūmi* (demeure de la libération spirituelle).

Divines énigmes

Ammē Bhagavatī Nitya Kanyē Dēvī

Il y a plusieurs années, lors de la session d'enregistrement d'un bhajan, Amma cita le premier vers d'un ancien bhajan qui incite à la réflexion :

ammē bhagavatī nitya kanyē dēvī

O Mère, Souveraine de l'univers, O Déesse éternellement vierge.

Dēvī est une mère, et cependant une vierge. Tout être en ce monde est issu de l'union d'un mâle et d'une femelle. Mais Mère Pārvatī créa le premier et le plus remarquable de ses fils, Gaṇēśa avec la pâte de santal dont était enduit son propre corps. Le Seigneur Śiva créa Muruga avec son troisième œil divin.

Le mot création se dit *sṛṣṭi* en sanskrit. La racine de ce mot est *sṛj,* qui signifie projeter.

Comme des images projetées sur un écran, la création entière n'est qu'une projection : la simple manifestation de *māyāśaktī,* le pouvoir d'illusion de la Mère universelle.

Amma dit également : « Mes enfants, le Créateur et la création ne font qu'un ». La Mère divine n'a nul besoin de matériaux ni d'instruments pour créer l'univers. Il se manifeste à partir de son propre corps cosmique.

La *Muṇḍaka Upaniṣad* illustre ce point à l'aide d'une belle image.

yathorṇanābhi sṛjatē gṛhnatē ca
Comme l'araignée produit et réabsorbe sa toile (1.1.7)

Dans ce même bhajan, « *Ammē bhagavatī nitya kanyē dēvī* », se trouve également le vers suivant :

tān onnum ceyyade sarvam ceytīḍunna
Sans rien faire, Dēvī seule accomplit tout.

Mais Amma chante également un autre bhajan qui dit :

nī ceyyum karmangaḷ ōrōnnum mānuṣar
tān ceyvatennu tān ōrkkayallō

Toi seule accomplit toute action, Ô Dēvī, mais les êtres humains croient être ceux qui agissent.

Ceci peut paraître contradictoire. Un vers affirme que Dēvī ne fait rien, puis un autre, qu'elle seule accomplit tout. Si nous réfléchissons profondément, nous constatons qu'il n'y a pas de contradiction.

Prenons le cas de l'électricité. C'est grâce à elle que les équipements électriques fonctionnent. L'électricité ne fait rien, mais en sa « présence », l'ampoule diffuse de la lumière, le ventilateur de l'air, et la cuisinière de la chaleur. Le phénomène à l'œuvre ici est le même que celui décrit implicitement lorsque nous disons que, sans rien faire, Dēvī seule accomplit tout.

Mais si l'ampoule pense, « J'éclaire par mon seul pouvoir ! » ou si le ventilateur s'imagine, « C'est moi qui fournis de l'air à tout le monde ! », c'est de l'ignorance. De même, si nous croyons agir grâce à notre propre puissance, nous sommes dans l'erreur ; c'est le sens des paroles du second bhajan.

Le *Viṣṇu Sahasranāma* (1000 noms du Seigneur Viṣṇu) contient les mantras suivants :

lōkādhyakṣaḥ surādhyakṣaḥ dharmādhyakṣaḥ kítākrithaḥ

Viṣṇu est le pouvoir qui préside à tous les mondes, à tous les dieux, à toute action, et à la cause et à l'effet (133-136)

Je garde cette phrase à l'esprit, lorsque je suis appelé à faire un discours officiel ou à présider une cérémonie. Je dis alors : « Nous avons allumé la lampe. Le *dīpam* (flamme) représente Amma, Ādiparāśaktī (le Pouvoir primordial, suprême), et elle seule est le *adhyakṣa* (pouvoir qui préside) ».

Notre bien-aimée Amma a inspiré à des milliers de ses enfants chéris la volonté d'effectuer du service désintéressé. Souvenons-nous que, quoi que nous ayons accompli, c'est uniquement par sa grâce, sa puissance et sa compassion infinies.

Ōm vidyā-avidyā svarūpiṇyai namaḥ

Lors d'une récente méditation, Amma demanda : « Mes enfants, quelle est la signification de 'vidyā-avidyā svarūpiṇī ?'[1] Comment Dēvī peut-elle avoir à la fois la forme de la connaissance et de l'ignorance ? »

Il s'agissait d'une autre des *līlās* (jeux divins) d'Amma visant à nous guider plus profondément dans la nature de Dēvī, la Déesse, c'est-à-dire, la nature véritable d'Amma. La plupart d'entre nous connaissons la *rūpam* d'Amma, sa forme extérieure, que nous voyons devant nous. Mais le seul moyen de connaître la *svarūpam* d'Amma, sa nature essentielle, cosmique, impérissable, est de nous abandonner totalement à elle. Elle nous révèlera alors sa véritable nature.

L'ignorance et la connaissance sont opposées, comme l'obscurité et la lumière. Où la lumière est présente, il ne peut y avoir l'obscurité ; où il y a la connaissance, l'ignorance ne peut exister. Comment, dans ce cas, Amma ou Dēvī peuvent-elles être à la fois connaissance (*vidyā*) et ignorance (*avidyā*) ? Comment ces deux états peuvent-ils être sa *svarūpam*?

Lorsqu'Amma nous posa cette question, nous ignorions la réponse, c'est-à-dire que nous expérimentions dans nos esprits l'ignorance, *avidyā.* Et lorsque la réponse nous est donnée, notre ignorance est remplacée par le savoir, la connaissance, la révélation et la conviction, autrement dit, *vidyā.* Dans les deux cas, il y a conscience soit de l'ignorance, soit de la connaissance.

[1] Ōm vidyā-avidyā swarūpiṇyai namaḥ = Salutations à la Mère Divine, qui a à la fois la forme de la connaissance et de l'ignorance. (Lalitā Sahasranāma, 402)

Les trois niveaux d'expérience qui nous sont familiers sont l'état de veille (dans lequel nous percevons le monde extérieur des formes), l'état de rêve (dans lequel nous expérimentons un monde intérieur créé par notre propre esprit), et le sommeil profond ou état de sommeil sans rêves (dans lequel nous connaissons la béatitude du vide, l'absence de tout). L'expérience liée à cet état de sommeil sans rêves peut être décrite en ces termes : l'absence totale de connaissance, ou de conscience, de quoi que ce soit. Le terme technique pour cet état d'ignorance est *tamas.*

Dēvī est *triguṇātmika,* c'est-à-dire, celle qui est dotée de trois types de pouvoir ou formes : *satva*, *rajas* et *tamas. Tamas* est associé à la léthargie, l'indolence ou l'inactivité ; *rajas*, à la passion et à l'activité ; et *satva*, à la lumière et à la compréhension des choses. Nous oscillons en permanence, impuissants, entre *satva*, *rajas* et *tamas.* Nous ne connaissons que trois niveaux d'expérience, la veille, le rêve et le sommeil profond. Mais il existe un autre état :

vēdāhamētam puruṣam mahāntam
āditya varṇam tamasaḥ parastāt

J'ai connu cet Être suprême, glorieux comme le soleil et au-delà de toute obscurité

Puruṣa Sūktam, 2

L'*Atharva Vēda* contient un hymne magnifique à la louange de Dēvī : *Dēvī Atharva Śīrṣam.* Une partie du *Dēvī Atharva Śīrṣam*, le *Ṛg Vēdiya Dēvī Sūktam,* nous enseigne que tout, dans cet univers, est la forme et l'énergie de Dēvī, que toute manifestation, que ce soit sous forme de connaissance ou d'ignorance, est celle de Dēvī. Le *Dēvī Atharva Śīrṣam* glorifie Dēvī en tant que l'unique Réalité qui imprègne tout et apparaît comme la création entière, avec ses formes innombrables d'êtres animés et inanimés. Lorsque Dēvī apparaît aux dēvas sous sa forme divine, ils ne sont pas capables de comprendre ce qu'ils voient et demandent : « *Kā asi tvam?* » « Qui es-tu, Ô être radieux ? »

Dēvī explique aux dēvas ce qu'Elle est réellement :

> *aham brahmasvarūpiṇī*
> *mattaḥ prakṛti*
> *puruṣātmakam jagat*
>
> Je suis Brāhman omniprésent qui imprègne tout. De Moi seule a surgi cette création peuplée d'êtres animés et inanimés (2).

Dans le quatrième vers, Elle dit,

> *vidyā aham avidyā aham*
> Je suis la connaissance aussi bien que l'ignorance.

En conséquence, toute forme d'expérience, dans le mental et dans le corps, est en réalité Sa forme.

Ainsi que Śrī Kṛṣṇa l'enseigne à Arjuna, détaillant les attributs de Sa gloire en différents endroits des chapitres 7 à 11, Śrī Dēvī explique également aux dēvas qu'Elle est tout, à commencer par Brahma, Viṣṇu et Śiva, la trinité hindoue, et que cela inclut aussi bien les forces bénéfiques que les forces maléfiques du monde, « Moi seule apparais comme toutes ces forces. Toutes émanent de Moi et se fondent en Moi. »

Les Dēvas, joignant les mains et inclinant la tête avec révérence, honorent alors Dēvī.

durgām dēvīm śaraṇam prapadyāmahē,
asurān nāśayitryai tē namaḥ

Nous prenons refuge en Durgā Dēvī, qui détruit les *asuras* (démons). (9)

Cependant, dans le 17ème vers, les dieux déclarent,

sā eśāyātu dhāna
asura rakṣāmsi piśāca
yakṣāh siddhāh

Elle seule (Dēvī) est devenue chaque être, incluant les forces négatives (forces du mal) comme les asuras, les rākṣas, les piśācis, les yakṣas et les puissants siddhas.[2]

Affirmer que Dēvī a pris la forme des *asuras* et qu'Elle seule les a détruits peut paraître contradictoire. Mais une fois le voile levé sur cette apparente contradiction, nous sommes en mesure de comprendre les récits du *Dēvī Māhātmyam,* sans être perturbés lorsque nous découvrons la longue liste de démons tués par la déesse Durgā.

Le *Dēvī Māhātmyam* est un poème épique de destruction. Si l'on nous dit, « La Mère de l'univers est emplie de compassion, mais ses *avatārs* et *līlās* ne sont que destruction ! », quelle sera notre réaction ?

Rappelons-nous le mantra *Ōm mahāgrāsāyai namaḥ !* du *Lalitā Sahasranāma* qui signifie, « Je me prosterne devant la Mère divine, la grande dévoreuse » (752). A la fin du *kalpa* (cycle de création), Mahakālī avale tout ce qui est.

[2] Démons, ennemis de Dieu et du bien.

Considérons l'exemple de l'or et des bijoux en or, que nous donne Amma. Mahakāḷī est l'or, la réalité permanente, et les innombrables formes de la création sont les ornements en or. La destruction des *asuras* par la Mère universelle équivaut à la transformation des ornements en or, ils se fondent de nouveau en or. Y a-t-il réellement destruction ? Non. Lorsque l'or « absorbe » les ornements en or, seul l'or demeure. Il en va de même de l'annihilation opérée par la Mère divine. Les formes innombrables se fondent en leur source, Ādiparāśaktī, la Puissance suprême et primordiale. Les *asuras* sont la manifestation de l'aspect tamasique de la Mère divine.

Le mot *devil* (démon, en anglais), une fois privé du « L », devient Dēvī. Cette équation, bien que difficile à comprendre, est vraie ! La chimie nous enseigne que le charbon et le diamant sont tous deux du carbone.

De même, chacun d'entre nous est fait de la même substance. Si nous purgeons notre être du démon de la léthargie, du désordre, de la luxure, du mensonge, du bavardage indiscret et de la débauche, il deviendra pur et se fondra en Dēvī.

Certaines religions considèrent Dieu comme éternellement bon, et le démon comme définitivement mauvais. Dans le « Paradis Perdu » de John Milton, un pécheur « tombe, à l'instar de Lucifer, sans plus d'espoir de retour. » Dans l'Hindouisme, l'espoir demeure présent pour tous. Même les êtres démoniaques sont purifiés, après quoi, ils se fondent dans l'Être suprême.

Dans certaines religions, le Seigneur de l'Enfer est foncièrement mauvais, opposé à Dieu et au bien. Mais dans l'Hindouisme, le Seigneur de l'Enfer est Yamadēv, fils de Sūrya (le Soleil) et frère de Śani (Saturne) et de Yamunā, la rivière sacrée. C'est un ardent dévot du Seigneur Viṣṇu et un serviteur du Seigneur Śiva.

Les démons les plus malfaisants comme Hiraṇyakāśipu, Hiraṇyākṣa et Rāvaṇa étaient des incarnations des frères Jaya et Vijaya, les gardiens des portes de Vaikuṇṭha, la demeure céleste du Seigneur Viṣṇu, que des sages avaient condamnés, par une malédiction, à renaître en tant qu'*asuras.* Lorsque le *tamas* d'un individu augmente, son corps devient asurique. Mais tout le monde sera inévitablement purifié. Tous les démons détruits par les *avatārs* de Viṣṇu et de Dēvī se fondirent en eux. Nous jugeons les *asuras* et les *rākṣasas* mauvais et les haïssons. Amma les qualifie d'impurs, répand sur eux une pluie de compassion et les guide vers la pureté.

Certains d'entre nous ont l'habitude de mettre des gens sur liste noire de façon définitive. C'est une erreur. En la présence divine d'Amma, même les pires pécheurs sont purifiés et peuvent atteindre la libération. Brahma se manifesta à partir de Viṣṇu, l'Éternel. Le sage Kaśyapa se manifesta à partir de Brahma. Les dieux se manifestèrent à partir d'Aditī, l'une des épouses de Kaśyapa. De son autre épouse, Ditī, naquirent les *asuras.* Autrement dit, les dieux et les démons sont issus de la même source, Ādiparāśaktī, l'énergie primordiale, et Viṣṇu, la conscience omniprésente.

Seule Dēvī apparaît en chaque forme et Elle seule est la source dans laquelle toutes se fondent. A la fin du *Dēvī Atharva Śīrṣam*, Dēvī est nommée *śūnya sākṣiṇī :* le témoin d'un état de néant total, au moment où la création entière se fond en Elle.

Même lorsque tout disparaît, Dēvī demeure, Témoin de l'apparition et de la disparition de tout être.

De la même façon, *vidyā* et *avidyā* existent toutes deux au sein de la conscience. La conscience est la véritable nature d'Amma. Amma veut que nous sachions totalement qui elle est. Lorsque nous la connaîtrons totalement, nous comprendrons que nous ne faisons qu'un avec elle, que nous ne sommes pas différents d'elle.

Comment accéder à cette connaissance ? Commençons par apprécier le silence. Lorsque nous récitons le *Lalitā Sahasranāma,* par exemple, les sons de la récitation se fondent dans le silence ; nous prenons conscience du fait que le son se fond dans le silence. Le son et le silence existent tous deux au sein de la pure conscience.

Méditons profondément. Seul un maître spirituel vivant peut nous amener au cœur de notre véritable nature. Avec la grâce d'Amma, apprenons à ne plus faire qu'un avec elle.

Au-delà même des dualités

C'est dans le cinéma que la jeunesse et bon nombre de gens plus âgés puisent leur connaissance des Purāṇas. Beaucoup se forgent une impression de ce qu'est, ou de qui est, Ādiparāśaktī d'après ce qu'ils ont vu sur le grand écran. Un film sur Ādiparāśaktī débute le plus souvent par des éclairs, le tonnerre, des pluies et tempêtes violentes, l'apparition et la disparition de planètes et de galaxies, et l'explosion de feux d'artifice ! Les réalisateurs de cinéma, avec leur compréhension souvent limitée des Purāṇas, mettent en lumière un seul aspect de Parāśaktī. Ils en ignorent l'aspect le plus important, sa jñāna śaktī, la puissance de sa nature omnisciente.

Le *Durgā Sūktam* commence par *Ōm jātavēdasē...* qui signifie : « O Dēvī, Toi qui illumines et connais tout. »

Dans le Śrī Sūktam, Lakṣmī est également appelée *jātavēda. Candram hiraṇmayīm lakṣmīm jātavēdo ma āvaḥ.*

Quand ils entendent que le bien et le mal proviennent de la même source, l'Être suprême, certains dévots sont perturbés. Pour réaliser la Vérité, la grâce du guru et une profonde compréhension des choses sont nécessaires. Dans toutes les autres religions, le bien et le mal sont considérés comme opposés, mais au sein du Sanātana Dharma,[3] le bien et le mal sont relatifs.

Au début de la vie spirituelle, nous renonçons au mal et acceptons seulement le bien. Mais à la fin de notre chemin spirituel, nous allons aussi au-delà du bien.

---

[3] Littéralement, Religion éternelle' ou Ordre Éternel, le nom originel et traditionnel de l'Hindouisme.

Le bien et le mal sont relatifs. Est-il bien de réciter le *Lalitā Sahasranāma ?* La plupart des dévots conviendraient que oui. Récemment, quelqu'un le récitait pendant qu'Amma avait appelé tous les résidents de l'ashram à se rassembler dans le temple de Kālī et qu'elle leur dispensait des conseils et des instructions. Cela est mal ! Lorsque le guru s'adresse à nous, il faut être totalement concentré sur ses paroles, rien n'est plus important. Par conséquent, ce qui est bien en un temps et un lieu donné peut être erroné à un autre moment et en un autre lieu.

Shakespeare a écrit : « Rien n'est en soi bon ni mauvais, c'est la pensée qui le rend tel. » *(Hamlet, 2.2)* Etudiant, quand j'ai lu ces vers pour la première fois, j'ai été surpris et je ne les ai pas compris du tout ! Mais à présent, je commence lentement à en saisir la portée.

Dans la *Kaṭhōpaniṣad*, Nacikētas, alors âgé de sept ans, demande à Yamadēva, le Seigneur de la Mort, de lui enseigner ce qu'est la vie après la mort et comment atteindre l'état d'immortalité. Voici ce que lui répond Yamadēva :

> *śrēyaśca prēyaśca manuṣyamētaḥ*
> Deux chemins, śrēyas (le bien) et prēyas (l'agréable) se présentent à l'homme. (1.2.2)

Le sage choisit le chemin du bien, qui mène au bonheur permanent, tandis que le sot opte pour le chemin agréable, c'est-à-dire, les plaisirs et l'accumulation de biens, qui sont impermanents.

Les Vēdas ne parlent pas du bien et du mal, mais du bien et de l'agréable, et nous conseillent de transcender les deux. Les Écritures hindoues désignent les paires d'opposés par le terme *dvandva.* Elles disent, par exemple :

samaḥ śatrau ca mitrē ca tathā mānāpamānayōḥ
śīta uṣna sukha duḥkhēṣu samaḥ sangavivarjitaḥ

Celui qui est le même envers l'ami et l'ennemi, et face aux honneurs et au déshonneur,
qui est le même dans le froid et la chaleur, et dans le plaisir et la douleur. (Bhagavad Gītā, 12.18)

Le Seigneur Kṛṣṇa nous enseigne que ces paires d'opposés sont impermanents, et nous suggère de les supporter patiemment :

... *āgamāpayinaḥ anityāḥ tāmstitīkṣasva bhārata*

... (ces paires d'opposés) ont un début et une fin. Ils sont impermanents par nature. Supporte-les patiemment, Ô Arjuna (2.14)

En divers passages de la *Bhagavad Gītā*, le Seigneur Kṛṣṇa nous conseille d'aller au-delà des paires d'opposés.

... *nirdvandō nityasattvasthō...*
... libre des paires d'opposés et toujours serein... (2.45)

...nirdvandō hi mahābāhō...
... libre des paires d'opposés, Ô toi aux bras puissants. (5.3)

... *tē dvandvamōhanirmuktāh.....*
... ces hommes... libérés de l'illusion des paires d'opposés... (7.28)

La deuxième ligne du Guru Stōtram affirme :

> *dvandvātītam, gagana sadṛśam*
> La nature du guru est au-delà des dualités, et pareille au ciel (l'espace).

Le ciel, l'espace infini, accueille et reçoit tout, mais rien ne l'affecte. Puis, vers la fin du même verset,

> *ēkam nityam vimalam acalam*
> *sarvadhī sākṣi bhūtam*
>
> (Le guru est) un, permanent, pur, immuable et le témoin de l'intellect de chacun.

Je suis témoin de toutes les pensées et émotions qui surgissent dans mon esprit. Par exemple, je suis conscient de ma tristesse. Quand Amma m'appelle auprès d'elle, la joie s'empare de moi ; je suis conscient du bonheur qui habite mon esprit. Lorsqu'elle me demande : « Fils, connais-tu le *Dēvī Stōtram ?* » et que je lui réponds que non, je suis conscient de l'ignorance dans mon esprit. Lorsqu'elle me l'enseigne, j'acquiers alors de la connaissance.

Je suis cette Conscience au sein de laquelle *vidyā* (la connaissance) et *avidyā* (l'ignorance) surgissent, existent et finalement, se dissolvent. Cette pure conscience, qui est le véritable « Je », est toujours là.

Nous avons précédemment abordé le sujet de Dēvī étant à la fois *vidyā* et *avidyā-svarūpiṇī.* Dans le *Lalitā Sahasranāma*, quatre autres noms indiquent la nature de Dēvī comme étant à la fois les couples d'opposés et au delà d'eux :

Ōm dharma adharma vivarjitayai namaḥ
Je m'incline devant Dēvī, qui transcende à la fois la vertu et le vice. (255)

Ōm sad asad rūpa dhāriṇyai namaḥ
Je m'incline devant Dēvī, qui endosse à la fois les formes de l'être et du non-être. (661)

Ōm bhāva abhāva vivarjitāyai namaḥ
Je m'incline devant Dēvī, qui est au delà de l'être et du non-être. (680)

Ōm kṣara akṣara ātmikāyai namaḥ
Je m'incline devant Dēvī, qui possède à la fois la forme du périssable et du Soi impérissable. (757)

Lorsque je m'observe, je vois que je suis à la fois le corps-esprit changeant et périssable et la conscience immuable et impérissable. Les aspects en moi du changeant et de l'immuable appartiennent tous deux à Dēvī.

La nuit (*rātri*), toutes les formes se fondent dans l'obscurité ; tout semble devenir non-existant.

Lorsque je pénètre dans une salle déserte et que j'affirme : « Il n'y a personne ici ! », je suis là pour affirmer qu'il ne s'y trouve rien ou personne (d'autre) ! Même lorsque tout disparaît, « Je » (la conscience) demeure. Cette pure conscience est Dēvī ou Kālī, dont l'existence est éternelle. Kālī est également nommée *Śmaśāna Vāsinī,* celle qui demeure dans le cimetière. Nous disons qu'après la mort rien n'existe, mais Kāli existe toujours en tant que pure conscience, *caitanyam.*

Śiva-śaktyaika-rūpiṇī

« Qui est Amma ? » A cette question, les dévots apportent une multitude de réponses, fondées sur leurs expériences personnelles.

Pourquoi l'Être divin infini endosse-t-il une forme ? Que nous enseigne principalement l'*avatār* ? Il nous enseigne comment mener la vie d'un être humain idéal et donc, comment se relier au monde.

Il existe trois genres chez l'être humain : le genre masculin, le genre féminin et un troisième, qui n'est ni tout à fait masculin ni tout à fait féminin.

Chez Amma, comme chez d'autres incarnations divines, nous constatons un équilibre parfait du masculin et du féminin, c'est-à-dire, *śiva-śaktī-aikyam*, une parfaite unité des deux.

Le masculin est considéré comme indépendant et géré par l'intellect, la tête dominant le cœur. Le féminin, comme dépendant et géré par les émotions, le cœur dominant cette fois la tête. Un enfant grandit, se développe et atteint pleinement la maturité s'il reçoit d'un père une éducation empreinte d'une certaine discipline, associée à l'amour attentionné d'une mère.

Les universités modernes contribuent à développer la tête des jeunes gens, mais pas leur cœur. Il n'en n'est pas ainsi dans les ashrams d'un guru parfait. Le *Rāmāyaṇa* décrit le magnifique ashram du Sage Vasiṣṭha et de son épouse Arundatī. Le sage enseigne les Écritures et, lorsque c'est nécessaire, impose une certaine discipline à ses disciples, y compris au Seigneur Rāma et à ses frères.

Lorsqu'Arundatī entoure les disciples d'affection maternelle, Vasiṣṭha proteste. « Tu les gâtes trop ! Ce sont des brahmacārīs, ils devraient être soumis dans l'ashram à une vie dure et rigoureuse. »

Arundatī répond : « C'est vrai, mais si les disciples ne connaissent rien d'autre que la discipline et qu'ils sont privés d'amour ou d'affection, ils ne seront pas en mesure de développer le cœur et la compassion. »

Afin de compléter leur éducation, Rāma et ses frères retournent au palais d'Ayōdhyā, où les reines-mères leur prodiguent amour et attention. Le roi Daśaratha proteste, « Ce ne sont plus des enfants, mais des adultes et des guerriers ! Cessez de les gâter ! »

Les reines répliquent que seul l'amour et l'affection d'une mère peuvent emplir de compassion le cœur de grands guerriers !

Dénués de compassion et uniquement dotés de force physique et d'habileté, ils risquaient de devenir des Rāvaṇas et des Kamsas.[4]

Śrī Śāradā Dēvī, l'épouse de Śrī Rāmakṛṣṇa Paramahamsa, distribuait souvent des sucreries aux brahmacārīs (Swāmi Vivēkānanda et d'autres, avant qu'ils ne deviennent des sanyāsīs). Śrī Rāmakṛṣṇa désapprouvait cela, et affirmait que Śāradā Dēvī corrompait leurs efforts, affaiblissait leur ascèse et leur attitude de détachement.

[4] Rāvaṇa était l'ennemi du Seigneur Rāma, et Kamsa celui du Seigneur Kṛṣṇa.

Śāradā Dēvī objectait que la discipline stricte du guru doit être contrebalancée par l'amour et l'affection de la *Gurupatnī*, l'épouse du guru.

Il y a quelques années, lors du tour du nord de l'Inde d'Amma, les brahmacārīs et brahmacāriṇīs travaillaient dur sous le soleil brûlant pendant un des programmes Brahmasthānam. Un dévot proposa alors de leur offrir de la crème glacée. Ils acceptèrent et il alla leur chercher à chacun une coupe de crème glacée.

Lorsqu'Amma eut vent de cet incident, elle réprimanda tous les brahmacārīs et brahmacāriṇīs. « Comment avez-vous pu faire une chose pareille ? les admonesta-t-elle, en leur rappelant qu'ils étaient des chercheurs spirituels. C'était le guru en Amma qui parlait.

Mais lorsque le groupe du tour arriva au temple Brahmasthānam suivant, Amma annonça qu'elle allait préparer du *pāyasam* (pudding sucré) pour tous. C'était cette fois la Gurupatnī en Amma qui s'exprimait !

Une petite famille était composée du père, de la mère et de leurs deux enfants. Le père se mettait souvent en colère contre ses enfants, il les réprimandait et il lui arrivait même de les frapper. La mère aimante les consolait, tout en tentant de leur expliquer les raisons de l'exaspération de leur père : un salaire trop bas et l'inquiétude constante de ne pas parvenir à joindre les deux bouts. Elle les encourageait également à la patience.

Leur patience fut récompensée : le père décrocha un emploi à Dubai, avec un gros salaire à la clé. Après son départ, les règles changèrent à la maison. La mère sentit qu'elle devait faire preuve de sévérité envers ses enfants, sinon ils risquaient d’être trop gâtés en l’absence de leur père. Lorsque ce dernier revenait passer son mois de congé annuel auprès des siens, il se montrait doux et affectueux avec ses enfants qu’il n’avait pas vus depuis presque une année. Ainsi, les circonstances firent ressortir le père dans la mère et vice-versa.

Il y a donc une femme en tout homme et un homme en toute femme. La véritable éducation consiste à instaurer un équilibre entre ces deux pôles en chaque individu, l’équilibre entre la tête et le cœur.

Amma, elle, réagit spontanément à une situation de façon réfléchie (et non pas par un réflexe inconsidéré) ; son cœur soutient toujours sa tête. Elle est venue sur cette terre pour nous aider à grandir, à devenir des êtres humains pleinement évolués.

Elle est descendue sur Terre pour y ramener Sītā

Amma me suggéra un jour de me couvrir la tête d'un tissu, ce que je fis. Certains dévots me demandèrent pourquoi Amma m'avait fait cette recommandation. « Je l'ignore, » leur répondis-je ; quand le guru demande à un disciple de faire quelque chose, le disciple le fait sans chercher à en connaître la raison.

Mais comme de nombreux dévots m'avaient posé la question à plusieurs reprises, je finis par lui demander pourquoi elle exigeait que je me couvre la tête. Sa réponse fut vague. Après quoi, je ne l'interrogeai jamais plus.

Quoi qu'il en soit, peu de temps après, je lus un article très intéressant, traitant du port d'un voile. Il expliquait qu'il est très bénéfique de méditer la tête couverte d'un tissu, car ceci nous aide à retenir la puissance spirituelle générée par la méditation. Voilà peut-être pourquoi les adeptes de certaines religions se couvrent la tête au moment de pénétrer dans leur lieu de prière.

Mais une autre explication attira bien davantage mon attention. Les sanyāsīs de certains ordres monastiques se couvrent la tête afin de symboliser « l'attitude féminine » d'un chercheur sincère qui s'approche du principe masculin unique, le *Paramātma* (Soi suprême), parfois nommé *Puruṣa* (Être suprême).

Lorsque Mīrābāī, grande dévote du Seigneur Kṛṣṇa, voulut devenir sanyāsī, de nombreux sanyāsīs objectèrent que sanyāsa était uniquement réservée aux hommes."

« Je ne connais qu'un seul homme dans l'univers, le Puruṣa, et Il est le Seigneur des gōpīs de Vṛndāvan, » répondit poliment

Mīrābāī. « Tous les autres êtres vivants de la création sont des femmes ! »

Cela est certainement vrai. Tout être vivant se dirige consciemment ou inconsciemment vers le but commun : l'union avec l'Être suprême. Au cours de ce voyage spirituel, les qualités qui nous aident le plus sont principalement féminines, à commencer par *jijñāsā* (l'intense désir de connaître Dieu), *śraddhā* (la foi), *titīkṣā* (la tolérance), *kṣamā* (la patience), *karuṇā* ou *dayā* (la compassion), et l'attitude soumise de l'abandon de soi, que les femelles manifestent généralement au sein de la nature dans une plus grande mesure que les mâles.

Ce sont les qualités nécessaires à une existence paisible et harmonieuse au sein de l'univers. Nous constatons à la lecture des Purāṇas que tous les grands rois qui dirigèrent l'Inde possédaient les plus éminentes qualités réunies : les qualités masculines que sont l'autorité, l'intelligence et la force physique, et les qualités féminines que sont l'humilité, la patience et la compassion.

Les rois démoniaques, en revanche, aussi puissants qu'ils fussent, ne possédaient que des qualités masculines. En l'absence de vertus féminines, ils se muèrent en brutes, provoquant un déséquilibre dans l'ordre naturel de la création. L'Être suprême dut alors s'incarner afin de les détruire.

En Śrī Rāma, Śrī Kṛṣṇa et en notre bien-aimée Amma, nous contemplons un équilibre parfait de ces qualités, tandis qu'en Rāvaṇa et Kamsa, nous ne constatons qu'une force agressive et masculine. Même Tāṭakā[5] dut être éliminée car, bien qu'elle fût dotée d'un corps de femme, sa nature était masculine.

[5] Une ogresse, réputée avoir la force de mille éléphants. Le Seigneur Rāma la tua afin de protéger le peuple, qu'elle terrorisait.

L'un des objectifs de l'avatār est d'amener un équilibre entre le masculin et le féminin. La détermination inlassable du Seigneur Rāma à rechercher Sītā suite à son enlèvement n'est pas celle d'un homme amoureux s'efforçant de récupérer son épouse. Elle représente en fait une restauration de toutes les vertus incarnées par Sītā.

Nous encourageons des arts tels que la poésie et la musique, ainsi que diverses découvertes scientifiques, en honorant les sommités associées à ces accomplissements. Pour la même raison, nous rendons hommage au Seigneur Kṛṣṇa parce qu'Il s'incarna afin de restaurer le *dharma* (la vertu, la droiture). La puissance humaine est limitée. Lorsque les valeurs ont été corrompues, seul un pouvoir divin peut les rétablir ; les êtres humains ordinaires ne sont pas en mesure de le faire.

En cet âge obscur de *Kali,*[6] les qualités féminines disparaissent rapidement, chez les hommes tout d'abord, puis chez les femmes, ce qui engendre une menace sérieuse pour l'existence même des êtres humains sur cette planète. C'est afin de rétablir le « féminin » en l'homme et « le féminin » en la femme que l'Être suprême s'est incarné parmi nous sous la forme d'une femme, le 27 Septembre 1953.

[6] Selon la cosmogonie hindoue, chaque cycle de création est composé de quatre yugas (âges). Le Kaliyuga, l'actuel et quatrième âge, se caractérise par les conflits et le déclin moral.

Ardhanārīśvarī

Amma devait arriver d'un moment à l'autre pour donner le darshan du matin. De ma fenêtre, je vis un dévot américain qui serrait tendrement dans ses bras un adorable bébé. Je sortis de ma chambre et contemplai l'enfant un bref instant. Il me rendit mon regard avec de grands yeux bleus innocents. Je m'approchai de lui et, avec la gravité feinte d'un officier de police, tendis la main et demandai, « Hé, monsieur, montrez-moi votre passeport et votre visa ! » En réponse, le bébé me décocha un grand sourire, saisit mon index et commença à le sucer ! Son passeport et son visa étaient sa pureté et son innocence.

« Swāmi, c'est une demoiselle, pas un monsieur ! », précisa le père avec fierté.

Je m'adressai au bébé : « Es-tu un monsieur ou une demoiselle, bébé ? De nouveau, le même sourire innocent ! Ni monsieur ni demoiselle, ni américain, allemand, ou français. Juste la pure béatitude d'être : *Je suis* ! Nous percevons également cela en Amma. Les Écritures comparent souvent les saints qui ont réalisé Dieu à de petits enfants : leur vie se résume à la pure joie d'exister, dénuée de toute identification.

Lorsque nous élevons un enfant, nous n'alimentons pas simplement son estomac, nous nourrissons son esprit de certaines idées concernant l'identité, la conduite à tenir, les normes sociales, les choses à faire et à ne pas faire, et maints autres sujets. Nous le conditionnons.

Lorsqu'un garçon est triste et qu'il pleure, on lui dit : « Cesse de te comporter comme une fille. Sois un homme ! » Ou lorsqu'une fille parle fort et court en tous sens, elle s'entend dire, « Cesse de te comporter comme un garçon. Assieds-toi et reste tranquille ! » De cette façon, nous réprimons la façon naturelle de l'enfant d'exprimer ses émotions, et nous le conditionnons afin qu'il agisse conformément à certains concepts.

Il est compréhensible de faire prendre conscience à un enfant qu'il est un garçon ou une fille dans le but de lui enseigner la discipline, la morale et la droiture. Mais de nos jours il existe une forte compétition, malsaine, entre les deux sexes, et qui vient d'une perception fausse de leur relation. On assiste au développement des préjugés et des névroses liés à l'identité des genres.

Partout, cette rivalité ne fait que grandir. Il y a une demande croissante « d'égalité des droits. » Chacun est de plus en plus conscient de ses droits. Mais combien comprennent que droits et devoirs vont de pair ?

Seul un être humain aspire à devenir autre chose que ce qu'il est. Une rose n'aspire pas à devenir un jasmin, ni un jasmin, un lotus. Un lion est beau à sa façon, tout comme le paon. Ne comparons pas pour en conclure que l'un est supérieur à l'autre, ou meilleur.

Un homme est remarquable à sa manière et une femme, à la sienne. Dans la création divine, tout est beau et tout a une place respectable au sein de l'univers.

Pour un aspirant spirituel, l'attirance envers une femme constitue un grand obstacle à l'atteinte de son but : la réalisation de Dieu ; et inversement, pour une aspirante spirituelle, l'attirance pour un homme est un obstacle. Mais ce fait ne justifie en rien le fait de dénigrer ou de détester le sexe opposé.

Amma affirme qu'il y a un homme en chaque femme et une femme en chaque homme. En tant qu'aspirants spirituels, développons les qualités masculines et féminines qui nous aideront à progresser sur le chemin spirituel. Les qualités « masculines » incluent le discernement et le détachement ; et les qualités « féminines » incluent la soumission et l'obéissance totales au guru. Amma réunit toutes les qualités positives du masculin et du féminin. C'est pourquoi nous l'honorons avec le mantra, "*Ōm śiva-śaktyaikya rūpiṇyai namaḥ.*" Elle est *Ardhanārīśvarī* : mi-féminin, mi-masculin.

Un professeur anglais écoutait un enseignement sur le *Bhāgavatam,* dans lequel il était fait alternativement référence à Dieu par les pronoms personnels Il ou Elle. L'auditeur demanda alors à la personne qui dispensait l'enseignement, « Votre Dieu est-il masculin ou féminin (Mademoiselle ou Monsieur) ? »

« Dieu est un mystère ! » lui répliqua ce dernier.

Amma a endossé une forme féminine. Cependant, lors des *Brahmasthāna Pratiṣṭha* (consécration d'un temple Brahmasthānam), elle adopte Śiva Bhāva, l'attitude divine du Seigneur Śiva. Et elle peut aussi être en Dēvī Bhāva et en Kṛṣṇa Bhāva. Amma est donc les trois : Mademoiselle, Monsieur, et Mystère.

Chacun de nous est né de l'union d'un homme et d'une femme. Nous pouvons remonter l'origine de notre existence à une longue lignée de pères et de grands-pères, de mères et de grand-mères. Par conséquent, lorsqu'un homme décrète : « Les femmes sont mauvaises ! » n'est-il pas en train de maudire les femmes de sa propre lignée ? Ou, lorsqu'une femme affirme :

« Les hommes sont mauvais, » n'est-elle pas en train d'insulter ses ancêtres ?

Quoi que Śiva soit capable d'accomplir, sa Śaktī est également en mesure de le faire. Lors du yajña de Dakṣa,[7] Satī aurait pu détruire elle-même le yajña, mais elle manifesta la puissance féminine symbolisée par la soumission, la loyauté et une dévotion indéfectible envers son époux, Śiva.

Ainsi, Sītā aurait pu détruire elle-même Rāvaṇa, qui était, avec Śrī Rāma, l'un des hommes les plus puissants de son temps. En fait, Rāvaṇa est impuissant lorsqu'il est confronté à Sītā : il ne peut que la menacer verbalement. Même dans les pires épreuves, Sītā, la Mère divine, manifeste la puissance féminine que sont la patience, la chasteté et la loyauté totale à son Seigneur. Tandis que Śrī Rāma déploie alors les qualités masculines que sont la droiture et le respect vertueux des lois, la force et le courage.

Lorsqu'une femme tente de devenir un homme, c'est parce qu'elle ne comprend pas les lois cosmiques qui gouvernent l'univers. Les êtres humains sont les seuls à ne pas suivre les rythmes de l'univers.

Lorsque Śrī Rāma et Lakṣmaṇa rencontrent les *vānaras* (singes) en cherchant Sītā, Sugrīva, l'un des *vānaras*, leur confie avoir vu une femme laisser tomber ses bijoux d'un char volant. Quand il leur montre les bijoux, Rāma, aveuglé par les

---

[7] Le père de Satī, Dakṣa, célébra un yajña et offensa Śiva, son gendre, en ne l'y conviant pas. Au cours du yajña, il alla même jusqu'à insulter Śiva devant tous les invités. Ne pouvant tolérer cette insulte envers son Seigneur, Satī s'immola dans le feu sacrificiel. Les domestiques de Śiva qui accompagnaient Satī détruisirent alors le yajña et tuèrent Dakṣa.

larmes, demande à Lakṣmaṇa de vérifier si ce sont ceux de Sītā. Après avoir examiné les bijoux Lakṣmaṇa déclare : « Je ne reconnais pas le collier, les boucles d'oreille ou les bracelets, mais ces bracelets de chevilles sont assurément ceux de Sītā. Je les reconnais parce que je les vois tous les jours lorsque je me prosterne à ses pieds divins. »

La culture en Inde était alors empreinte de noblesse, au point que le frère cadet considérait l'épouse de son aîné comme sa mère et dans cet esprit, se prosternait devant elle. De plus, dans certaines communautés indiennes, les hommes appellent à la fois leurs épouses et leurs filles « Amma » (mère). Tel est le respect accordé aux femmes. Il est donc faux de dire que la culture indienne donne aux femmes une place inférieure à celle des hommes.

L'emploi d'expressions telles que « Mère patrie » « langue maternelle, » « Terre Mère », ou « Mère nature », indique d'ailleurs clairement le respect inhérent à la plupart des cultures pour le féminin. En anglais, on se réfère aussi aux fleuves et aux navires, entre autres choses, en employant le pronom personnel féminin, elle.

Personne gentille ou bonne personne ?

La première chose que l'on remarque en franchissant le portail principal d'Amritapuri est l'imposante façade du temple de Kālī. Une sculpture grandiose surmonte l'entrée du temple, représentant une scène de la Bhagavad Gītā : le Seigneur Kṛṣṇa conduisant Arjuna vers la bataille. De chaque côté de l'escalier, des lions féroces gardent le temple.

Si l'ashram est un havre de paix et de compassion, on peut se demander pourquoi le visiteur y est accueilli par ces symboles de l'agressivité. Elles symbolisent en fait la bonté en action. Elles marquent la victoire du dharma sur l'adharma ; la suprématie des forces du bien sur les forces du mal.

Nous célébrons *Dīpāvali*, Noël et d'autres fêtes commémorant le triomphe du bien sur le mal. Mais avons-nous éliminé le mal de notre monde ? Pourquoi les forces du mal prospèrent-elles ? Parce que les forces du bien sont inactives ; autrement dit, bonnes à rien !

Les forces du mal triomphent parce qu'elles sont convaincues d'être sur le bon chemin. Au sein des forces du mal, la loyauté règne. Elles savent que sinon, elles seraient neutralisées. Le mal a la suprématie parce que les vertus telles que le dévouement, l'unité, la foi, l'honnêteté, l'amour et le sacrifice se sont égarées.

Mieux vaut être une *bonne* personne qu'une personne gentille, agréable, bien qu'idéalement, il convienne d'être les deux. La gentillesse est souvent superficielle, tandis qu'une bonne personne est responsable ; elle crée la paix autour d'elle, ou bien elle lutte pour préserver les conditions qui favorisent la paix et la vertu.

Quand nous affirmons qu'il n'y a pas de paix en ce monde, nous voulons dire qu'il n'y a pas de paix dans le monde des êtres humains. Si nous allions dans la forêt, nous sentirions la paix qui y règne. C'est uniquement dans le monde des hommes que les problèmes surviennent. L'interférence humaine est la cause de tous les problèmes. « En temps de paix, les fils enterrent leurs pères et en temps de guerre, les pères enterrent leurs fils, » dit un ancien dicton grec.

Un professeur demanda un jour à ses élèves : « Préférez-vous la paix ou la guerre ? »

« La paix, » répondirent les enfants.

« Pourquoi ? » voulut savoir le professeur.

« Parce que la guerre écrit l'histoire et qu'ensuite, nous sommes contraints de l'étudier ! » répliquèrent les élèves.

Un homme confronté à une multitude de problèmes demande un jour : « Pourquoi Dieu ne fait-il rien pour arranger les choses ? »

Son ami répond : « Pourquoi ne Lui poses-tu pas la question ? »

« Je l'ai fait, réplique l'homme, et Il m'a rétorqué : « Pourquoi ne fais-*tu* rien pour arranger les choses ? »

Chacun de nous a la responsabilité de maintenir la paix. Toutes les autres créatures sont contrôlées par la nature ; il n'y a par conséquent aucun problème dans leur monde. Dieu n'a donné le libre arbitre, l'intelligence et le choix, qu'aux êtres humains. Avec ces cadeaux vient la responsabilité de les utiliser avec sagesse. De mille et une façons, nous en faisons mauvais usage.

Un homme qui a construit une maison et fondé un foyer comprend qu'il a la responsabilité d'en prendre soin. Il nous incombe ainsi de mettre de l'ordre dans notre propre maison en commençant par trouver la paix intérieure, puis en la faisant rayonner à l'extérieur.

Aucun être humain n'est une île ; l'humain est un animal sociable. Les actions des autres nous affectent autant que les nôtres les affectent. Lorsque les tours jumelles de New-York s'effondrèrent, le 11 septembre 2001, le monde entier en fut affecté. Le monde est un village planétaire, et tous les êtres sont interdépendants.

En réalité, la paix demeure en nous, mais nous avons créé de nombreuses perturbations. Une fois que nous aurons cessé d'engendrer ces troubles, la paix sera rétablie.

Lorsque Kāḷidās scia la branche sur laquelle il était assis, les gens se moquèrent de lui, et le traitèrent d'imbécile. Mais ne faisons-nous pas la même chose ? N'avons-nous pas créé les causes du réchauffement climatique ? A présent, confrontés à ses effets dévastateurs, nous nous étonnons bêtement.

Les gens agissent souvent sans discernement parce qu'ils ne se soucient que des résultats immédiats de leurs actions. Malheureusement, les résultats immédiats ont souvent des effets négatifs à long terme, mais nous n'en sommes pas conscients.

A l'aube de la nouvelle année, nous souhaitons aux autres une « bonne et heureuse année ! » Mais obtenons-nous ce à quoi nous aspirons tous si intensément ? Non. Si nous œuvrons en vue d'un résultat, que ce soit de façon individuelle ou collective, ne devrions-nous pas l'atteindre ?

Si nous n'avons pas vécu de « bonnes et heureuses années », c'est que notre notion du bonheur se limite à nous-mêmes. Tout ce qui nous intéresse, c'est d'améliorer notre confort personnel. Mais le confort n'est pas le bonheur.

Les scientifiques expliquent que les oiseaux qui volent en formant un V utilisent beaucoup moins d'énergie lorsqu'ils franchissent l'océan. Si nous voulons être heureux, cessons d'être individualistes.

« Puissent tous les êtres se montrer bons envers moi, » dit une prière indienne. Mais bien souvent, nous ne comprenons pas que si nous désirons que les autres se montrent bons envers nous, il faut d'abord être bons envers eux. C'est la loi de la nature. Tout le monde est soumis à cette loi, même les plus puissants dictateurs.

Nous voyons souvent le riche s'enrichir sans fin et le pauvre s'appauvrir de plus en plus. « Pourquoi ne pas prendre ce que nous voulons ? » demanderez-vous. Eh bien, imaginons un magasin de denrées alimentaires. Si nous suivions les seuls principes de l'égoïsme, le fort s'approprierait tout, ne laissant rien au faible. Finalement, les deux mourraient : le faible, de faim, et le fort, de suralimentation !

Dieu a créé les êtres humains dans l'esprit de yajña : l'esprit qui incite à donner aux autres de bonne grâce et avec joie, et à ne garder pour soi que ce qui est absolument nécessaire.

sahayajñāh prajāh sṛṣṭvā purōvāca prajāpatiḥ
anena prasaviṣyadvamēṣa vō·stvṣṭākāmadhuk

> Ayant créé les êtres humains en même temps que les sacrifices, au commencement de la création, le Créateur dit, « Grâce à cela, vous prospérerez. Que ceci soit la vache laitière de votre désir » (Bhagavad Gītā, 3.10)

Dans le troisième et le quatrième chapitre de la *Bhagavad Gītā*, le Seigneur Kṛṣṇa nous insuffle la sagesse du yajña. Dans le premier verset du chapitre quatre, Il dit qu'Il a enseigné cette sagesse au commencement de la création au Seigneur Soleil qui l'a à son tour enseignée à son fils, Manu, qui l'a enseignée à son fils Ikṣvaku, le premier roi de la dynastie solaire au sein de laquelle est né le Seigneur Rāma.

Les Hindous vénèrent les puissances cosmiques comme le soleil, pour le service désintéressé qu'elles accomplissent au profit de tous les êtres vivants. Le soleil, par exemple, donne de la lumière et de l'énergie à parts égales et en toute impartialité à tous les êtres vivants. Ceci est un yajña, l'esprit de sacrifice, par lequel quelqu'un accomplit des actions pour le bien du monde entier.

Pendant le yajña, les prêtres offrent au feu divers éléments, comme le ghee, et prient pour que leur soient accordés tout ce qui est essentiel à leur développement physique et mental. Les sceptiques pourraient s'interroger, « Pourquoi gaspiller du précieux ghee alors qu'il règne une telle pauvreté dans le monde ? » La réponse, c'est que ce pot ne contient que l'équivalent d'une cuillère à café de ghee donnée par chacun des participants. *Lōkāḥ samastah sukhinō bhavantu,* telle est la prière des participants lors du yajña, laquelle se reflète également dans leur attitude : chacun offre le peu qu'il possède et prie pour le bien de tous et pour la paix universelle.

De façon générale, les gens n'ont pas cette propension au sacrifice. L'Asie représente deux tiers de la population mondiale mais ne possède qu'un tiers des richesses mondiales. Inversement, l'Occident représente un tiers de la population mondiale mais possède deux tiers des richesses de la planète.

Dans la *Bhagavad Gītā*, Śrī Kṛṣṇa dit également qu'avec le passage du temps, l'esprit de sacrifice (*yajña)* se perd. Alors, Il s'incarne afin de restaurer l'esprit perdu et la gloire du yajña.

La décadence s'était déjà installée du temps d'Arjuna, c'est alors que Kṛṣṇa s'incarna afin de raviver l'esprit de sacrifice. Lorsque Mahābali accomplit un *yajña*, il ne fit pas avec la bonne attitude. Le Seigneur s'incarna alors en tant que Vāmana et la lui enseigna. Seuls les *avatārs* divins peuvent nous enseigner ce qu'est un véritable *yajña*.

Dānam (la charité) est un élément indispensable de la conclusion d'un *yajña*. Cette partie du rituel est malheureusement négligée dans la plupart des *yajñas* accomplis aujourd'hui.

Un candidat à un poste d'officier de police se vit poser la question suivante, « Comment feriez-vous pour disperser une foule turbulente ? »

« J'irais vers les gens muni d'une urne de donation, » répondit le postulant.

Un prêtre plaisanta un jour en ces termes : « Aux fêtes, je me demandais régulièrement où étaient les pauvres. Mais à la quête du dimanche, je me demandais toujours où étaient les riches ! »

Le *Caṇḍikā Hōma* accompli en la divine présence d'Amma fut un *yajña* idéal, suivi du lancement de nombreuses initiatives caritatives à l'occasion de son anniversaire.

Les offrandes au feu et la récitation de mantras pour la paix universelle purifient l'atmosphère. Un tel *yajña*, accompli en présence d'un satguru comme Amma, est très rare et ne survient qu'une fois en plusieurs milliers d'années. Elle est en réalité celle qui reçoit toutes nos offrandes et qui répand sur nous à la fois la grâce du *yajña phalam* (les fruits du sacrifice) et la grâce du *yajña prasādam*, c'est-à-dire, la fortune, la longévité, la paix intérieure et l'éveil spirituel.

De la Forme au Sans-forme

De Mūrti Pūjā à Kīrtī Pūjā

Imaginez une salle remplie d'une foule bruyante. Quelqu'un entre, tape dans ses mains afin d'obtenir l'attention. *« Ōm namaḥ shivāya !* Taisez-vous, s'il vous plaît ! » Mais personne ne prête attention à ses exhortations.

Plusieurs personnes d'un âge respectable, entrées avec lui dans la salle, circulent parmi la foule en priant les gens de garder le silence. Elles échouent à leur tour.

A ce moment-là, ceux qui sont à l'entrée de la salle voient arriver une petite femme potelée, au teint sombre. Le rayonnement de son expression est saisissant. « Qui est-ce ? » chuchotent quelques personnes à leurs plus proches voisins. Personne ne le sait.

A mesure que la femme s'avance dans la salle, elle attire l'attention d'un nombre croissant de personnes, qui observent spontanément un silence respectueux. Les seuls sons perceptibles à présent, sont des murmures épars. En quelques instants, le silence envahit toute la salle. Tous les yeux sont rivés sur elle.

Tel est le charisme d'un être comme Amma. Sa seule présence suffit à faire taire le vacarme du monde. Ce phénomène illustre à lui seul l'effet qu'un être divin crée dans le monde, naturellement et par sa seule présence.

L'avatār entre silencieusement dans notre univers. Il est dit qu'Amma sortit silencieuseument du ventre de Damayantī-amma, sans un cri.

Le soleil se lève silencieusement et illumine la planète entière, laquelle s'éveille à l'activité. Ceux qui chantent le Gāyatrī mantra ou qui font le *Sūrya Namaskār* (la salutation au Soleil) harmonisent leur corps et leur esprit avec le soleil afin de recevoir davantage de sa lumière et de ses rayons bienfaisants. Le soleil ne donne pas davantage à certains plutôt qu'à d'autres. Il nourrit tout le monde de façon impartiale, puis se couche silencieusement.

Srī Rāma appartient à la dynastie solaire (*Sūrya Vamśa*). Lui aussi vint au monde silencieusement, traversa silencieusement les forêts, jusqu'à la pointe Sud de l'Inde, d'où il voyagea jusqu'au Srī Lanka. L'élimination des forces démoniaques fut alors pour Lui un jeu d'enfant.

Il unifia tout le genre humain, qui ne fit plus qu'un. De nombreux êtres différents, pas uniquement des humains, se rassemblèrent, famille universelle, pour assister à son couronnement. Tel est également le sens de la mission d'Amma : Etreindre le Monde.

Lorsque le Seigneur Rāma partit dans la forêt, tous les citoyens d'Ayōdhyā coururent à sa suite. Quand Śrī Kṛṣṇa quitta Vṛndāvan, tous les villageois Le suivirent en courant. Chaque fois qu'Amma quitte Amritapuri pour diriger un programme, en Inde ou à l'étranger, on assiste à un phénomène similaire : ses enfants courent à perdre haleine après Amma ! Combien de PDG ont cet effet sur leurs employés ?

C'est une des raisons pour lesquelles Rāma, Krishna et Amma sont tous trois célébrés par l'épithète « Kṛṣṇa ». Un des sens de « Kṛṣṇa » est : « Celui qui possède le pouvoir d'attirer. »

La nature de ce pouvoir diffère de celui que possèdent les objets du monde, simples feux d'artifice. Ces explosions aux vives couleurs sont si éblouissantes que presque personne ne remarque à l'arrière-plan la lune, qui illumine la nuit de ses rayons apaisants. Les feux d'artifice apparaissent quelques instants dans le ciel, puis disparaissent, tandis que la lune est silencieuse et constante.

Les grandes réussites ou les personnalités célèbres dans le monde sont souvent pareilles à des feux d'artifice. Elles font leur entrée sur la scène du monde, puis sombrent rapidement dans l'oubli. Le maître spirituel et l'avatār, eux, sont comme la lune silencieuse et permanente. Ils nous mènent jusqu'au but de l'existence humaine, l'état de Conscience suprême.

Le Seigneur Kṛṣṇa est issu de la dynastie lunaire (*Candra Vamśa*). Sa forme enchanteresse et Son jeu divin captivèrent hommes et femmes de Gōkul. Lorsque Sa forme se fut profondément imprimée dans le cœur des gōpīs et des *gōpas* (vachers), Il partit silencieusement pour Mathura. Dès lors, les hommes et les femmes de Gōkul méditèrent sur Lui dans leur cœur et y découvrirent Sa Présence, Paix infinie et Conscience bienheureuse.

Même dans la tradition hindoue, nombreux sont ceux qui n'acceptent pas le concept de Dieu avec une forme. Mais dans le chapitre 12 de la *Bhagavad Gītā*, le Seigneur Kṛṣṇa conseille à Arjuna : « Ô Arjuna, pour toi, l'adoration de Dieu doté d'une forme est idéale ». Arjuna représente tous ceux d'entre nous qui ont de la dévotion mais sont incapables de concevoir l'Infini, la Réalité sans forme.

Dans ce chapitre, le Seigneur Krishna dit que la méditation sur l'Infini sans forme est la forme la plus élevée de méditation. Ensuite, vient la méditation sur la forme cosmique. Si cet exercice est également difficile, libre à nous de choisir n'importe quelle forme de Dieu, et de méditer sur elle. La plupart d'entre nous se situent à ce niveau : celui de la méditation sur une forme.

L'adoration du Divin doté d'une forme est *mūrti pūjā*. Tous les dévots commencent ainsi. Lorsque nous comprenons que toute forme dans l'univers est un véhicule du Divin, notre adoration s'élève jusqu'à l'adoration de la gloire divine (*kīrtī*) manifestée à des degrés variés en chacun et en tout. *Mūrti pūjā* devient alors *kīrtī pūjā*.

Certains dévots ont peut-être du mal à concevoir l'omniprésence d'Amma ou de leur *iṣṭa-dēvatā*, bien que dans les films religieux indiens il soit courant de voir les déités disparaître de leur sanctuaire et apparaître instantanément à l'endroit où un dévot a besoin d'eux ! La vérité qu'expriment de telles scènes, c'est que Dieu peut se manifester partout où Il Le souhaite.

Swāmi Amṛtaswarupānanda et Swāmi Amṛtātmānanda, ont tous deux eu la grâce de voir Amma en chair et en os, alors qu'ils étaient loin d'Amritapuri, en proie à une douleur intense causée par la séparation. C'est aux États-Unis, en 1987, qu'Amma s'est matérialisée devant Swāmiji, alors qu'il était parti organiser le premier tour du monde d'Amma. Swāmi Amṛtātmānanda l'a vue dans l'Himalaya, où il avait voyagé quelques mois durant. Lorsqu'Amma s'est manifestée à ces deux endroits, il n'a pas été rapporté qu'elle eût pour autant disparu d'Amritapuri !

Enfants, mon frère cadet et moi avions pour passe-temps d'élever en cachette des poissons rouges. Nous possédions deux ou trois bocaux, que nous conservions dans la chambre car nous ne voulions pas que notre grand-père, dont nous craignions l'autorité, découvre leur existence. Nous passions des heures à contempler les poissons mais dès que nous sortions de la chambre, nous cachions les bocaux sous les lits afin que personne ne les découvre.

Tout alla bien pendant quelques temps mais un jour, un des poissons se suicida en sautant hors du bocal ! Notre grand-père, qui entrait quotidiennement dans notre chambre afin de parer de fleurs les représentations de déités, remarqua une colonne de fourmis sous les lits. Nous nous étions fait prendre ! Il nous ordonna de libérer les poissons des bocaux et nous punit pour les avoir ainsi emprisonnés. Ayant connu la prison auprès de Gāndhiji lors de la guerre d'indépendance de l'Inde, notre grand-père était très sensible à toute forme d'incarcération.

Il nous commanda de porter les bocaux jusqu'au lac proche de la maison, d'y entrer jusqu'à la taille, puis d'immerger les bocaux dans l'eau. Pendant un certain temps, les poissons continuèrent à nager à l'intérieur des bocaux. Ensuite ils en sortirent un par un, de nouveau libres.

Après avoir rencontré Amma et vécu dans son ashram, je compris que beaucoup de gens ressemblent à des poissons en aquarium. La vie de famille est comparable à un aquarium. Sortons-en, et savourons le fait de nager dans l'océan de la famille universelle. Quiconque a rencontré Amma à Amritapuri ou ailleurs comprend ce que signifie appartenir à une communauté beaucoup plus large, unie par des liens d'amour et d'affection.

Puisse Amma inspirer à nous tous le désir de mener une vie consacrée au service et à l'amour des autres, en voyant en eux la conscience divine qui brille également en chacun.

Chercher et trouver à l'intérieur

« Voici notre dieu éléphant ! »

C'est ainsi qu'un guide indien présenta le Seigneur Ganesh à un touriste étranger qui demanda : « Pourquoi les Indiens vénérent-ils des animaux ? » Le guide ne sut pas quoi répondre.

Vināyaka ou *Gaṇēśa Caturthi* est l'un des festivals les plus populaires de l'Inde. Ceux qui ont déjà vu un bébé éléphant savent à quel point ils sont mignons. Un bébé humain est encore plus mignon. Et même si le spectacle d'une tête d'éléphant surmontant le corps potelé d'un bébé humain peut paraître étrange à certains, le Seigneur Ganesh a une forme adorable ! Il a inspiré à d'innombrables artistes et sculpteurs le désir de reproduire Son image.

Le *Ganesh Nāmāvali* (litanie de noms associés au Seigneur Ganesh) commence par ce vers : *« Ōm sumukhāya namaḥ.* Je me prosterne devant Celui au beau visage ! »

Gaṇēśa est *buddhi-dātā,* celui qui accorde le savoir ; c'est la raison de la grosseur de sa tête. Lorsqu'il lui fut demandé de faire le tour du monde, Gaṇēśa tourna autour de ses parents divins, Śiva et Pārvatī, indiquant ainsi qu'ils avaient créé l'univers entier. En tant qu'enfants d'Amma, nous savons qu'obtenir Amma revient à posséder l'univers entier, et que la perdre équivaudrait à le perdre. Amma est tout pour nous !

Le Seigneur Gaṇēśa enseigna une grande leçon d'humilité et de sagesse à Kubēra, le dieu des richesses. Kubēra s'était imaginé que, puisque le Seigneur Shiva méditait en permanence et que son épouse Pārvatī se tenait constamment assise à ses côtés, Gaṇēśa et son frère Muruga n'avaient pas assez à manger !

Désireux d'étaler sa fortune, Kubēra convia le Seigneur Gaṇēśa à un banquet dans son palais, sans soupçonner à quoi il s'exposait ! Ganesh engloutit tout, y compris les récipients, puis décréta qu'il avait encore faim. Il menaça d'avaler également Kubēra si ce dernier n'assouvissait pas pleinement sa faim. Kubēra courut, Gaṇēśa à ses trousses, jusqu'au mont Kailāś où il tomba aux pieds des parents divins de Ganesh. Pārvatī, qui est également Annapūrṇēśvarī, la déesse de la nourriture, donna une poignée de riz soufflé à son fils, qui fut aussitôt rassasié !

Le sens symbolique de ce récit, c'est que jamais les êtres humains ne sont satisfaits, quelle que soit la quantité de savoir ou de biens qu'ils acquièrent. Mais un peu de nourriture spirituelle leur apportera *tríptaḥ*, la satisfaction, le contentement. Un des noms de Gaṇēśa est Kumbōdhara, qui signifie « ventripotent ». Cela exprime également *tṛpti* : « Je suis rempli et complet, et il n'y a rien d'autre à atteindre ! »

Les dévots débattent souvent la question de savoir si Dieu possède ou non une forme. Une étude méthodique des Écritures nous aide à comprendre que Dieu est à la fois avec forme et sans forme. L'oxygène et l'hydrogène sont invisibles à l'état gazeux, mais lorsqu'ils se transforment en vapeur d'eau, ils sont visibles. Quand la vapeur devient eau, on peut la sentir sur la peau, et lorsqu'elle devient glaçon, la tenir dans la main. Le terme *avatār* signifie descendre de l'état le plus élevé et le plus subtil à l'état le plus bas et le plus grossier, perçu à l'aide des organes des sens.

Dieu possède en effet une forme. En fait, toutes les formes de l'univers sont celles de Dieu. Nous choisissons d'adorer une forme qui nous semble idéale, mais souvenons-nous que c'est seulement l'une des formes assumé par l'Être suprême. Le *Gaṇapati Atharva Śīrṣam* affirme : « Tu es Brahma, Viṣṇu, Śiva ! Tu es Indra ! Tu es Vāyu ! Tu es Sūrya ! Tu es Candra ! »

Un mantra similaire se trouve dans la *Nārāyaṇa Upaniṣad* : « Nārāyana est tout ! » Dans le *Dēvī Atharva Śīrṣam*, il est dit que seule Dēvī apparaît sous la forme de tous les dieux et de tous les autres êtres vivants inférieurs. Dans le S*rī Rudram*, un mantra affirme également que Rudra (Śiva) est le Seigneur de tous les êtres dans l'univers. Autrement dit, c'est le Sans-Forme qui se manifeste à travers les innombrables formes de l'univers.

Pendant *Gaṇēśa Caturthi*, les dévots adorent la forme de Ganesh pendant plusieurs jours puis immergent finalement l'idole dans l'océan qui représente l'être infini. Ce rituel symbolise la forme qui se fond dans le sans-forme.

Amma, le guru, est le pont entre la forme et le sans-forme. A partir de sa forme (*rūpam*), elle nous guide jusqu'à sa véritable nature (*svarūpam*).

Śrī Rāma construisit plus d'un pont. Il réunit les royaumes de Daśaratha et de Janaka. Daśaratha adorait Dieu avec forme. Janaka méditait sur l'Être suprême sans forme. L'unité de Daśaratha et de Janaka évoque l'harmonie entre la méditation sur la forme et l'adoration du sans-forme.

Les Vaiṣṇavites (dévots du Seigneur Viṣṇu et de ses avatārs) adorent Dieu avec forme. Les Śaivites (dévots du Seigneur Śiva) considèrent le Suprême comme sans forme. En adorant le Śiva lingam à Rāmēśvaram, le Seigneur Rāma, une incarnation de Viṣṇu, rassembla les Vaiṣṇavites et les Śaivites.

De façon similaire, Swāmi Ayyappa est le fils d'Ayya (Viṣṇu) et Appa (Śiva), ce qui symbolise la réunion de la méditation sur Dieu, avec et sans forme. Lorsque nous allons à Śabarimala, la demeure terrestre du Seigneur Ayyappa, nous vénérons d'abord Ayyappa avec une forme, et terminons en vénérant *Makara-jyōtī*,[1] le Sans-forme. Comme notre culture est merveilleuse et nos maîtres spirituels, éclairés !

De même, les dévots d'Amma l'adorent tout d'abord sous la forme qui s'offre à leurs yeux. Progressivement, nous prenons conscience du fait que toutes les sensations perçues par nos sens, tout ce que nous ressentons, n'existent que grâce à sa présence divine en nous. Nous ressentons alors la présence intérieure d'Amma en tant que paix infinie, joie et compassion.

Dans le bhajan *Prabhō Gaṇapatē,* nous chantons les paroles suivantes,

> *tēḍi tēḍi engō ōḍungiṇḍrār - unnai*
> *tēḍi kaṇḍu koḷḷalāmē*
> Les gens courent en tous sens dans l'espoir de Te trouver.

Si nous substituons le mot uḷḷam' (cœur) au mot 'unnai', ces lignes signifient : « Les gens courent en tous sens, et ils peuvent Te trouver dans leur cœur ».

---

[1] L'étoile qui apparaît quand le soleil transite en Capricorne (Makara), habituellement, le 14 janvier. Les dévots croient que la lumière céleste qui se produit ce jour-là est une manifestation du Seigneur Ayyappa.

Vyōmavat Vyāpta Dēhāya

A Amritapuri, au début des enseignements sur les Écritures, nous récitons :

> *vyōmavat vyāpta dēhāya*
> *dakṣināmūrtayē namaḥ*

> Je m'incline devant le Guru Dakṣinamūrti Śiva, dont le corps est aussi vaste (infini) que l'espace.

De façon similaire, le Guru Stōtram rend hommage au guru qui est :

> *caitanya śāśvataḥ śantō*
> *vyōmātītō nirañjanaḥ*

> conscience éternelle, dont la nature est paix, qui transcende l'espace et qui est sans tache.

Lorsque nous adorons une forme de Dieu, quelle qu'elle soit, nous sommes progressivement entraînés à élever nos esprits du rūpam (la forme) à la svarūpam (véritable nature) de la divinité que nous vénérons.

On demande parfois : « Pourquoi Mère Kāḷī ne porte-t-elle pas de vêtements ? » La forme radieuse de Kāḷī est soit *nīla-varṇa*, bleue, soit *kṛṣṇa-varṇa*, noire. Le ciel est bleu le jour et noir la nuit. L'absence de vêtements symbolise Sa nature infinie, que rien ne peut limiter. Elle est l'Être suprême d'où jaillit la création entière, pour finalement s'y dissoudre. L'espace lui-même tire d'Elle son existence.

La poitrine découverte de Mère Kāḷī dispense le lait divin de *bhukti*, la prospérité matérielle, et de *mukti*, la libération spirituelle. Elle est glorifiée en tant que *bhukti-mukti-pradātrī*, celle qui accorde *bhukti* et *mukti.*

Mère Kāḷī porte une guirlande de têtes humaines. La tête symbolise le pouvoir de la connaissance. Cette guirlande indique donc que toute connaissance lui appartient. Kāḷī porte également une jupe composée de mains humaines. Les mains symbolisent les actions et le pouvoir. Cela indique que le pouvoir d'agir provient d'Elle seule !

Certains demandent également pourquoi Kāḷī boit du sang. Le sang représente l'énergie et la force. Les gens s'enorgueillissent de leur force. Le fait que Kāḷī boive du sang est un symbole qui nous rappelle que toute énergie (*śaktī*) lui appartient. La couleur rouge du kumkum représente le sang et l'énergie qui circulent en chacun de nous. Lorsque nous appliquons du kumkum sur le front, souvenons-nous que le pouvoir qui nous permet d'agir est divin et donc, efforçons-nous de l'utiliser pour accomplir uniquement des actes nobles et bons.

De nombreux dévôts d'Amma portent des colliers et des médaillons qui représentent son visage ou ses pieds. Nous portons ces pendentifs près du cœur, et ils favorisent notre dévotion pour Amma. Ou bien nous portons peut-être une bague avec la photo d'Amma. Puissent ces bijoux nous inciter à nous souvenir d'elle dans toutes nos actions.

Il y a de nombreuses années, alors que nous accompagnions Amma au célèbre temple Mūkāmbikā, huit prêtres portant le *pūrṇakumbha*[2] s'avancèrent jusqu'à l'entrée principale afin de l'accueillir avec toute la révérence possible.

Offrir le pūrṇakumbha au guru est significatif à deux titres :

1. Le fait que le pūrṇakumbha soit plein représente le cœur plein de dévotion du disciple ou du dévot. Autrement dit, il faut accueillir ou approcher le guru avec la plus grande dévotion.

2. Le pūrṇakumbha représente la véritable nature du guru, caractérisée par la plénitude, complétude ou infinitude.

Lorsque nous offrons le pūrṇakumbha à notre guru, nous ne sommes pas en train de rappeler à Amma sa véritable nature, bien sûr ! Amma ne l'oublie pas une seule seconde ! C'est nous qui l'oublions, comme Arjuna oublia la divinité du Seigneur Kṛṣṇa.

Par conséquent, le pūrṇakumbha nous rappelle sa nature infinie, et c'est une humble prière que nous lui adressons afin qu'elle nous révèle notre nature réelle et infinie :

antaḥ pūrṇō bahiḥ pūrṇō
pūrṇakumbha ivārṇavē
antaḥ śūnyō bahiḥ śūnyō
śūnyakumbha ivāmbarē
pūrṇāya sadguravē namaḥ
pūrṇakumbham samarpayāmi

J'offre le pūrṇakumbha à mon satguru, infini par nature, comme une jarre immergée dans l'océan est remplie d'eau à l'intérieur et totalement entourée d'eau, ou comme une jarre dans l'espace est vide à l'intérieur et enveloppée de vide.

[2] Réceptacle empli d'eau, usuellement offert pour accueillir le guru.

La Bhagavad Gītā compare le sage qui a réalisé Dieu à un océan, certes plein mais qui ne déborde jamais, même lorsque toutes les rivières du monde se déversent en lui. Amma est pareille à cet océan.

Est-il possible à un être humain ordinaire de rester assis 18 heures d'affilée en étreignant, principalement de sa main droite, jusqu'à 48000 dévots ? (Une personne travaillant dans un bureau de 9 heures à 17 heures prend habituellement au moins deux pauses dans la journée.)

Les problèmes et les doléances dont les dévots se déchargent sur Amma au cours du darshan feraient perdre la raison à un psychiatre. Pendant le darshan, des personnes investies de responsabilités dans ses institutions la consultent car elles ont besoin de réponses à certaines questions. Au cœur de ce tourbillon d'activité, les huit membres d'une famille viennent à Amma afin d'obtenir sa bénédiction. Amma met des bonbons dans la bouche de sept d'entre eux ; au huitième, elle ne donne qu'un minuscule morceau, car elle se souvient qu'il est diabétique !

Telle est la véritable nature de notre guru. La conscience d'Amma n'est pas limitée à son soi individuel, elle imprègne tout. Sa conscience perçoit l'intérieur comme l'extérieur. Elle sait que l'univers entier, fait de noms et de formes, n'est qu'un jeu de la conscience infinie. La variété illimitée de noms et de formes n'existe pas pour elle ; elle voit uniquement le Divin, partout et en tout.

La Gardienne

Un grand Saint, le Baal Shem, se rendait chaque nuit sur la plage où il s'asseyait plusieurs heures durant, absorbé en profonde méditation. Un garde qui avait remarqué sa présence lui demanda un jour, « Monsieur, pourquoi venez-vous ici chaque nuit ? »

Baal Shem demanda au garde, « Pourquoi restes-tu éveillé toute la nuit ? »

« Parce que je suis gardien de nuit », répliqua le garde.

Ce à quoi Baal Shem répondit : « Moi aussi. Je suis un gardien. »

Surpris, l'homme l'interrogea : « Mais, Monsieur, que surveillez-vous, assis les yeux fermés ? »

« Tu surveilles les lieux pour en éloigner les voleurs, répondit Bal Shem, je surveille les voleurs en moi tels que la colère, la jalousie et la lubricité, et le plus dangereux de tous, le mental, l'ego. »

Le mental, l'ego, nous dérobe la joie, la paix et le contentement. Comment nous débarrasser une fois pour toutes de ces malfaiteurs ? En faisant appel au grand Voleur qui surveille de près tous ces brigands, à Celui qui subtilise le mental dangereux !

citta-cōra yaśōda kē bāl
navanīta cōra gōpāl!

Toi qui dérobes le mental, enfant de Mère Yaśōda,
Voleur de beurre, petit Vacher.

Le Seigneur Krishna dérobe notre ego ; Il est citta-cōra. Il chaparde également le beurre, c'est-à-dire nos attachements, le sentiment que quelque chose nous appartient. Tout appartient à Dieu. Il est en chacun de nous, et nous donne le pouvoir de penser, de parler et d'agir. Il est appelé antaryāmi, Celui qui demeure à l'intérieur (du cœur) et nous régit.

L'un des mantras du *Lalitā Sahasranāma* est : *Sadā-ācāra-pravartikā* (356) et signifie « Celle qui nous fait accomplir de bonnes actions et cultiver de bonnes habitudes. » Certains des swāmis de notre āshram lui ont conféré un autre sens, fondé sur leur propre expérience avec Amma. Ils ont détourné l'expression ci-dessus en *Sadā-cāra-pravartikā,* Celle qui nous espionne ! (En malayalam, *cāra* signifie espion. C'est exactement ce que fait Amma. Même si elle se trouve aux USA, à des milliers de kilomètres, elle sait ce que pense chacun de nous, où que nous soyons. Telle est l'expérience de milliers de dévots.

Amma ne surveille pas uniquement nos actions et nos paroles, mais également nos pensées. En sa divine présence, nous apprenons peu à peu à n'entretenir que des pensées pures et bénéfiques, qui rendent notre esprit sain, calme et paisible.

Dans ce sens, nous pourrions dire qu'Amritapuri produit les meilleures montres (*watch* en anglais signifie montre et *to watch*, observer).

W – Words (paroles)
A – Actions
T – Thoughts (pensées)
C – Caractères
H – Habitudes

Comme Baal Shem, Amma est une gardienne (watch(wo)man). Elle fabrique et répare en outre des montres (watch).

A quoi servirait une montre superbe, incrustée de pierres précieuses, qui ne donnerait pas l'heure juste ? Quelle serait l'utilité d'un être humain doté d'intelligence, d'un physique avantageux, de talents et de force, mais dénué de vertu ? Un tel être est comparable à Rāvaṇa.

A la fin du *Mahābhārata*, les cinq Pāndavas commencent leur ascension vers le paradis en gravissant le dangereux versant d'une montagne. Ils tombent l'un après l'autre et périssent.

> Sahadēva, le plus intelligent ;
> Nakula, le plus beau ;
> Arjuna, le plus habile ;
> Bhīma, le plus fort.

Seul Yudhiṣṭhira, être bon et vertueux, demeure et monte finalement jusqu'au paradis. Cette histoire est d'une grande profondeur symbolique. L'intelligence, la beauté, l'habileté et la force d'un être humain disparaissent vers la fin de sa vie, tandis que la vertu et la bonté demeurent et l'élèvent jusqu'au Divin, jusqu'à l'éternité.

La Gardienne, Amma, nous surveille en permanence. Abandonnons-lui nos paroles, nos actions, nos pensées, notre personnalité et nos habitudes. Elle nous purifiera, nous rendra dignes de notre famille, de la société, de notre pays, du monde entier, et utiles à tous.

Amṛtam Dēhi

Voici une des questions qui peut nous venir à l'esprit : « Connaissons-nous *réellement* Amma ? » Toute occasion de mieux connaître Amma nous a conduits à plus d'émerveillement, plus de révérence, et à de plus grandes interrogations. Car comment pouvons-nous, à notre niveau, réellement connaître la Mère de l'univers et expliquer la raison de son incarnation actuelle ?

Le visage initial de l'āśram a considérablement changé au fil des ans ; c'est vrai également de l'approche d'Amma. Elle se montrait extrêmement stricte et sévère par le passé ! Huit heures de méditation par jour pour tous les résidents ; une nourriture frugale, le minimum nécessaire pour alimenter le corps... En ces jours d'austérités, Amma, notre guru et notre Dieu, se montrait particulièrement vigilante à propos de notre progrès spirituel. Elle était notre unique refuge et notre seule inspiration sur le chemin spirituel.

Amma est consciente de chacune de nos pensées, paroles et actions. C'est ce que m'ont indéniablement prouvé mes nombreuses expériences à ses côtés, ce qui n'a fait qu'augmenter ma révérence et ma dévotion à son égard au fil des années. Je suis donc en général entièrement soumis en sa présence.

Il y a de nombreuses années, Amma me confia la responsabilité d'enseigner le Vēdānta à l'ashram. Je m'y attelai joyeusement, pensant que cette expérience conférerait un sens à mon existence en me permettant de partager mes connaissances avec d'autres. Amma, avant un de ses départs à l'étranger, me demanda de donner deux cours par jour, un pour les adultes et un autre à l'intention des plus jeunes.

Au début, tout se déroula sans encombre. Mais peu à peu, les cours devinrent un fardeau. Il me fallait consacrer la plus grande part de mon temps à leur préparation, ce qui ne m'en laissait guère pour pratiquer ma sādhana habituelle, laquelle incluait *japa*, *dhyāna* et *archana*. J'en fus terriblement anxieux et perturbé.

A ce moment-là, un swāmi qui avait voyagé avec Amma regagna Amritapuri. Il m'apportait une lettre d'Amma. Ouvrant l'enveloppe en hâte, j'y découvris un message de deux lignes : « Fils, tu es actuellement stressé parce que tu ne peux pas continuer ta sādhana, n'est-ce pas ? Tu ne dois donc donner qu'un seul cours par jour. »

Amma lit dans nos pensées ou prescrit les remèdes à nos problèmes instantanément. Elle teste également ses enfants en fonction de leurs capacités d'endurance. Tout Satguru qui désire voir son disciple progresser se comporte de la même façon.

Avant de rencontrer Amma, j'étudiais le Vēdānta dans un autre āshram. Nous assistions régulièrement à des cours sur les Écritures, mais n'avions pas l'occasion d' éclaircir nos doutes. C'est alors que j'eus l'immense grâce de rencontrer Amma. Dès mon premier darshan, elle dissipa tous mes doutes l'un après l'autre, sans que j'aie eu à prononcer une seule parole. Je sentis consciemment mes fardeaux intérieurs se volatiliser, une sorte de simplicité et de paix voir le jour dans mon esprit, et mon être devenir un petit enfant innocent entre les mains aimantes d'Amma.

Je lui demandai la permission de venir vivre dans son āshram. Le but de mon existence consistait alors à obtenir une vision de la Déesse Durgā. Lorsque j'assistai au Bhāva darshan d'Amma, je sentis que mon désir avait été exaucé !

Amma répondit : « Termine tes études sur le Vēdānta, sers cet āshram pendant un certain temps en remerciement du savoir acquis, obtiens de l'*ācārya* l'autorisation de partir et sa bénédiction et ensuite, informe Amma. »

Une fois terminé mon apprentissage du Vēdānta, l'ācārya m'interrogea sur mes projets d'avenir. Lorsque je lui confiai mes aspirations, il m'accorda aussitôt l'autorisation de partir à l'ashram d'Amma, ainsi que sa bénédiction, en disant, « *Jagadambē śaraṇam* ! *Jagadambē śaraṇam !* » — « Je prends refuge en la Mère de l'univers ! »

J'écrivis à Amma et attendis. Entre temps, conscient de la discipline exigée dans son āshram, j'entamai une *sādhana* rigoureuse. Mon seul but était d'obtenir la vision de la Déesse Durgā. J'écrivis non pas une, ni deux, mais sept lettres à Amma, qui restèrent sans réponse. Je commençai à m'inquiéter. L'intensité de mes austérités faiblit. L'anxiété, la déception et la suralimentation sapèrent ma *sādhana*. J'oscillais entre l'espoir et le désespoir.

Puis, un jour, faisceau d'amour immortel transperçant le cœur de l'obscurité spirituelle, la réponse d'Amma arriva, un message de deux lignes : « Fils, tu négliges ta *sādhana*, tu as perdu le contrôle de toi-même. Attends qu'Amma t'appelle. Ne t'inquiète pas, Amma est avec toi ! »

Dès lors, j'avançai sans plus jamais me retourner. Amma est toujours avec moi. Je ne suis pas seul à avoir vécu pareille expérience. De nombreux dévots en ont connu de semblables. J'ai parfois eu la bonne fortune d'en être le témoin.

Un jour, alors que nous voyagions avec Amma, nous traversâmes vers dix heures du soir une petite banlieue de Kōttayam, dans le Kérala. Soudain, Amma s'exclama : « Je veux des *vaḍas* (un genre d'en-cas frit)! Je veux des *vaḍas* ! »

Aucune boutique n'était ouverte à une heure aussi tardive de la nuit. Mais Amma continuait à réclamer des *vaḍas*. Lorsque tous nos efforts pour en trouver eurent échoué, Amma demanda au chauffeur de nous conduire jusqu'à Kākkanāḍ. Dès que nous atteignîmes cette destination, Amma le pria de s'arrêter. Elle descendit du véhicule et se précipita à l'intérieur d'une maison. Là, dans la cuisine, une dévote d'Amma préparait des *vaḍas* tout en chantant religieusement son mantra. Amma entra et dégusta les *vaḍas* tout chauds pendant que la femme la contemplait, sidérée et émerveillée, des larmes de gratitude roulant à profusion sur ses joues.

Une autre fois, une famille attendait la visite d'Amma dans sa maison, décorée pour l'occasion avec simplicité mais élégance. La maîtresse de maison avait préparé un grand pot de yaourt, spécialement pour Amma. Elle l'avait conservé au réfrigérateur, en enjoignant à tous les membres de la famille de ne pas y toucher. Lorsqu'Amma arriva, au lieu de se rendre dans la pièce réservée à la pūjā, elle alla tout droit dans la cuisine, ouvrit le réfrigérateur, prit le yaourt et en but une partie.

Ces deux exemples montrent à quel point Amma tient à apporter joie et contentement à ses enfants. Elle se met à leur niveau et répand sur eux ses bénédictions. En même temps, elle leur fait comprendre qu'elle connaît toutes leurs pensées, paroles et actions. Ces indices de son omniscience renforcent et approfondissent leur foi et leur dévotion.

Je me trouvais un soir dans le train qui va de Delhi à Calcutta, et j'avais très faim. C'était un jeudi, le jour où je jeûne du lever au coucher du soleil. Après 18h30, j'ai mangé les seuls aliments servis dans le train, des en-cas frits. Je me suis senti si mal après avoir absorbé cette nourriture trop grasse, que j'ai sérieusement songé à me procurer un remède contre l'indigestion. A cette époque-là, Amma donnait le darshan aux résidents de l'āshram qui voyageaient avec elle dans le train. Elle distribuait à tous du *pēḍa* (une confiserie indienne). Vu mon état nauséeux, j'ai pensé que je serais incapable de digérer le *pēḍa*.

J'étais le dernier dans la file des personnes attendant de recevoir le prasad d'Amma. Elle donna du *pēḍa* à tout le monde, y compris au brahmacārī qui se trouvait juste devant moi. Lorsque vint mon tour, Amma referma le récipient contenant le *pēḍa* et le mit de côté. Puis elle prit quelques grains de raisin dans un autre bol et me les donna. Les raisins se digèrent aisément et facilitent même la digestion.

Avant même de rencontrer Amma, j'avais toujours une photo d'elle devant moi lorsque je composais et chantais des bhajans. A cette époque-là, j'ignorais son nom. J'avais seulement entendu quelqu'un la désigner ainsi, *Vaḷḷikkāvil Amma* (la Mère de Valikāvu). Un des bhajans que je composai alors débute ainsi : *Amṛtam dēhi, Hanumānē*, « Accorde-moi l'immortalité, Ô Hanumān."

Mystérieusement, le mot *Amṛtam* s'était glissé à mon insu dans le texte du bhajan. De quoi s'agissait-il, sinon d'un *sankalpa* d'Amma (résolution divine) ? A dater de ce jour, Amma me donna une vision claire de mon but. Cette conviction s'est trouvée confirmée par la suite au travers de chacune de mes expériences. Si bien que, jusqu'à aujourd'hui, je continue à chanter : « *Amṛtam dēhi amṛtēśvarī*, Accorde-moi l'immortalité, Ô Amṛtēśvarī ! »

Dr. Śyāmsundar, MBBS.

Un pandit de la cour de l'empereur Akbar[3] narra un jour un épisode du *Bhāgavatam,* le récit de la libération de Gajēndra *(Gajēndra Mōkṣa).* Gajēndra était un grand roi et un dévot du Seigneur Viṣṇu. Comme il avait manqué de respect à un sage, il fut maudit et condamné à renaître sous la forme d'un éléphant. Gajēndra, l'éléphant, se baignait dans une rivière lorsqu'un crocodile (qui était un *ghandarva,* un être céleste, lui-même condamné à renaître sous la forme d'un reptile) emprisonna dans sa mâchoire l'une de ses jambes. L'éléphant eut beau lutter, il ne réussit pas à se libérer.

En dernier recours, il arracha un lotus dans la rivière, l'offrit mentalement au Seigneur Viṣṇu et Le supplia de le délivrer. Le Seigneur entendit sa prière. Il descendit sur terre, tua le crocodile et sauva Gajēndra, libérant ainsi à la fois le crocodile et l'éléphant.

L'histoire fit rire Akbar, qui déclara que Viṣṇu n'avait nul besoin de venir en personne secourir Gajēndra. Il aurait pu envoyer un de ses serviteurs. Le sage ministre Bīrbal assura : « Ô, Empereur, laisse-moi un peu de temps et je t'apporterai la preuve que l'intervention du Seigneur était tout à fait naturelle ! »

Bīrbal fit fabriquer une statue en cire du Prince Sālim, le fils favori d'Akbar. Un matin, alors que le roi était sur son balcon, Bīrbal jeta la statue dans la piscine et cria, « A l'aide ! A l'aide ! Le Prince Sālim est tombé à l'eau ! »

[3] Empereur d'une dynastie moghole (1556 – 1605 apr. J.-C.).

Akbar plongea aussitôt dans la piscine et en ressortit la statue de cire. Lorsqu'il comprit que quelqu'un lui avait joué un tour, il demanda, furieux, qui s'était permis cela. Joignant les mains avec humilité, Bīrbal avoua, « Ô Empereur, je suis l'auteur cette mise en scène. Mais dis-moi, alors que tant de tes soldats étaient présents, pourquoi as-tu sauté *toi-même* à l'eau ? »

« Parce que Sālim est *mon fils* ! » s'empressa de rétorquer Akbar avec colère.

Bīrbal répliqua calmement, « Oui, Empereur. Ainsi, tout être de cet univers est l'enfant de Dieu, spécialement ceux qui Le vénèrent en permanence ! »

Dieu prend une forme et s'incarne sur terre afin de rappeler à Sa Création et aux créatures qu'ils ont reçu en héritage la joie infinie ; Il leur inspire ainsi le désir de regagner leur véritable demeure.

Une autre fois, un marchand en visite à la cour d'Akbar se mit à faire les louanges de l'empereur. Il le porta aux nues, allant jusqu'à affirmer qu'il était encore plus grand que Dieu. N'étant pas homme à souffrir les imbéciles, Akbar demanda comment cela était possible. Aucun des ministres n'osa répondre à l'exception de Bīrbal, qui répliqua avec esprit : « Oui, Empereur, le marchand a raison, car il y a une chose que vous avez le pouvoir de faire et Dieu non. »

« Laquelle ? » s'enquit Akbar.

« Dieu ne peut bannir personne de son Royaume car l'univers entier est son Royaume mais c'est un acte que vous pouvez aisément faire ! » répondit Bīrbal.

Dans le *Rāmcaritmanas*, le poète loue ainsi le Seigneur Rāma :

ajānubhuja śaracāpadhara
sangrāma jita kharadūṣaṇam

> Le Seigneur Rāma aux longs bras, brandissant les arcs et les flèches avec ses bras aux contours harmonieux, remporta aisément la bataille contre Khara et Dūṣana.

Les longs bras symbolisent la beauté et la force, mais cette image implique également qu’ils sont suffisamment longs pour étreindre le monde. Amma est elle aussi célèbre pour « Etreindre le Monde », le nom de son ONG internationale. Son empire spirituel est illimité !

Khara et Dūṣana étaient les gardes de Rāvaṇa. Ils avaient pour mission d’empêcher quiconque de pénétrer sur son « territoire ». Mais le Seigneur Rāma leur fit comprendre que l’univers entier appartient à Dieu seul.

Une araignée qui tisse sa toile dans le recoin d’une chambre pense que la toile est sa propriété privée ! Nous sommes également experts dans l’art de borner notre territoire et pensons : « Ceci est à moi, et non ce qui est au-delà de ces limites ! » Nous nous soucions de la propreté de notre maison, mais non de la propreté de l’environnement ; d’où la nécessité de mettre des panneaux dans les lieux publics pour nous rappeler à l’ordre : « Prière de ne pas jeter d’ordures à cet endroit ».

Amma en revanche, lorqu’elle lança la campagne Amala Bhāratam (ABC), exprima son souci de maintenir la propreté en tous lieux. (En tant que maître spirituel, elle préconise également la pureté intérieure.) Derrière les objectifs de cette campagne se cache un appel à élargir notre conscience et à ne pas s'attacher aveuglément à ce que nous pensons être et appelons « mien » : ma maison, ma voiture, ma famille, mon chien !

Les anciens sages étaient conscients de ce problème :

kāntā imē mē, tanayā imē mē
gṛhā imē mē, paśavastu imē mē,
ēvam narō mēśa samāna rūpaḥ
mē! mē! kítaḥ, kāla vṛkēṇa nītaḥ

Ceci est ma femme et ceci est mon fils
Ceci est ma maison, et ceux-ci, mes animaux.
Ainsi l'homme se comporte comme une chèvre,
Qui crie « Mes ! Mes ! » pour se faire finalement dévorer par le loup du Temps !

Même les humains les plus intelligents sont atteints de ce virus, le plus grave de tous. Les sages l'appellent bhava rōgaḥ, la maladie de l'existence dans le monde. Deux mots, « attachement et illusion » suffiraient à la décrire. Le seul médecin capable de la soigner est le Dr. Śyāmsundar, MBBS (Madhur Bānsurī Bhajanēwālā Śyām, la divinité au teint sombre qui joue sur sa flûte les plus exquises mélodies dévotionnelles).

Toute relation humaine, lieu ou objet, nous apporte un mélange de joie et de peine, *duḥkha miśrita sukham,* c'est-à-dire, « une joie mêlée de chagrin ». Rien ni personne, excepté le Seigneur ne peut nous procurer une joie sans tache. On disait de Kṛṣṇa *« mathurādipatē akhilam madhuram* ; tout, chez le Seigneur de Mathura, est doux ! »

Le monde actuel est si bruyant que si le Seigneur Kṛṣṇa apparaissait et jouait de la flûte, personne ne L'entendrait, affirment certains. Selon eux, il faudrait plutôt qu'il joue du *nādasvaram*[4] ou encore du saxophone pour être entendu ! Mais nos maîtres spirituels nous assurent du contraire. Ceux qui désirent ardemment entendre la musique divine sont encore en mesure de percevoir la flûte suave du Seigneur Kṛṣṇa. Ils en perçoivent la mélodie au milieu du bruit, alors que ceux qui se laissent distraire par le vacarme du monde n'entendront pas un *nādasvaram* ou un saxophone !

Lorsque Kṛṣṇa jouait de la flûte, non seulement les gōpīs et les gōpas, mais aussi les vaches et les veaux accouraient. La flûte du Seigneur, comme le son du clairon, lance un appel : « Rentrez à la maison, les enfants ! » En Sa présence divine, les attachements et les illusions se dissipent tels des nuages devant le soleil éclatant de la connaissance ! Rien ne peut couvrir le son de la flûte divine qui élimine toutes les pensées impures et les désirs égoïstes.

Devenons une flûte entre les mains de Kṛṣṇa, c'est-à-dire vides, afin d'être capables de produire une musique sacrée. Comme la flûte, le crâne possède sept trous : les yeux, les oreilles, les narines et la bouche. Si ces sièges des sens sont totalement réceptifs à Kṛṣṇa, alors nous devenons Sa flûte, et le meilleur émane de nous. Kṛṣṇa est appelé Hṛṣikēśa, « le Seigneur des sens ».

---

[4] Un instrument indien taillé dans du roseau, semblable à une clarinette et souvent joué dans les temples.

Quelques Enseignements

Enseignements de la Bhagavad Gītā

Gaṅgā, Gītā et Gāyatrī[1], sont trois des Mères divines qui nous purifient, nous, leurs enfants. Parmi les trois, les *ācāryas* (précepteurs) accordent la première place à la *Bhagavad Gītā.*

Afin d'être purifié par Gaṅgā, il faut se rendre auprès du fleuve. Le Gāyatrī mantra ne peut pas être récité à haute voix et il ne purifie que celui qui le récite, tandis que la *Bhagavad Gītā* purifie non seulement le récitant mais également ceux qui en écoutent la récitation.

Il est dit : *« sarva śastramayī gītā,* la *Gītā* contient l'essence des enseignements de tous les Vēdas ».

Les ācāryas nous conseillent de ne pas dire : « J'ai lu la *Gītā* dans son intégralité », mais de nous interroger plutôt : « La *Gītā* m'a-t-elle entièrement traversé ? » Autrement dit, il s'agit d'assimiler en profondeur les enseignements de la *Bhagavad Gītā.* Ne dites pas : « J'ai appris la *Gītā* par cœur ». Dites plutôt : « J'ai compris la *Gītā* avec mon cœur ». La *Bhagavad Gītā* est un chant sacré, et un chant ne peut pas être appréhendé par l'esprit, mais uniquement par le cœur.

C'est pourquoi le Seigneur Kṛṣṇa dit à Arjuna : *« Bhaktō·si mē sakhā cēti !* Tu es mon dévot et mon ami » (4.3), et grâce à ce lien d'amour et de confiance, Kṛṣṇa est prêt à lui prodiguer ses enseignements. Le Seigneur Kṛṣṇa dit également dans la *Gītā* : *« Śraddhāvān labhatē jñānam,* celui qui a la foi acquiert

[1] Gaṅgā est le fleuve Gange. Gītā fait référence à la Bhagavad Gītā. Gāyatrī, au mantra sacré, le Gāyatrī mantra. Les Hindous les considèrent comme des Mères divines.

la connaissance » (4.39). La foi est encore une autre qualité du cœur.

La *Bhagavad Gītā* contient 18 chapitres. Ils nous enseignent que chacun d'entre nous est divin par nature. Notre véritable nature est pure conscience. Nous croyons que l'être humain est un corps contenant une âme. Mais la *Gītā* révèle que l'humain est une âme revêtue d'un corps.

Les 18 chapitres expliquent le mantra sacré *Tat tvam asi,* Tu es Cela (l'Être suprême). Les six premiers chapitres expliquent le principe de *tvam*, l'être individuel, le *jivātma.* Les six chapitres suivants expliquent *tat,* l'Être suprême, le *paramātma.* Les six derniers chapitres expliquent *asi,* c'est-à-dire comment l'être individuel se fond en l'Être suprême, comme une goutte d'eau qui tombe dans l'océan se fond en lui.

Quel est l'enseignement de la *Bhagavad Gītā* ? Il commence par le mot *dharma* (*'dharmakṣētrē kurukṣētrē...'*) et s'achève par le mot *mama* (*dhruva nītir matir mama*). Ces deux mots forment la locution *dharma mama* ou *mama dharma,* qui signifie « mon devoir ». En d'autres termes, la *Gītā* enseigne qu'il s'agit d'accomplir son devoir, de se rappeler son rôle au sein de la famille, de la société et de la nation et enfin, d'accomplir son devoir d'être humain.

Nous sommes habituellement confrontés à deux problèmes :

1. L'ignorance de ce qui doit être fait ;
2. et si nous savons ce qu'il faut faire, la force de l'effectuer nous manque le plus souvent.

La *Bhagavad Gītā* nous insuffle la vision claire (connaissance), la pureté de l'esprit (la dévotion et l'abandon de soi à Dieu), et la force d'accomplir toute action au mieux de nos capacités.

L'enseignement fondamental de la *Bhagavad Gītā* peut se résumer en quelques mots, que le Seigneur Kṛṣṇa prononce à l'intention d'Arjuna : *« Mām anusmara yudhya ca,* souviens-toi de moi, et combats » (8.7). Cela signifie qu'il faut se souvenir de Dieu avant d'accomplir la moindre action, en étant conscient de n'être qu'un instrument entre les mains du Seigneur.

Ici, l'instruction « combats » signifie « accomplis ton devoir ». Arjuna était un guerrier et son devoir consistait à se battre. *Kuru* signifie « action » et *kṣētra,* « champ » ; *Kurukṣētra* fait donc référence au « champ d'action » ou champ d'activité d'une personne dans la vie quotidienne.

La représentation d'Arjuna assis dans le char conduit par le Seigneur Kṛṣṇa, l'aurige, est symbolique. Le char représente le corps humain et les cinq chevaux, les cinq sens : la vue, l'ouïe, l'odorat, le goût et le toucher. Les rênes figurent les différentes pensées stimulées par les sens et le Seigneur Kṛṣṇa, l'intellect qui a assimilé les enseignements védiques. Lorsque l'intellect (l'aurige) contrôle les (rênes des) pensées menées par (les chevaux de) nos sens, le (char du) corps humain atteint sa destination, surmontant tous les obstacles. Quelle est cette destination ? Le Suprême.

Quel résultat obtenons-nous si nous suivons les enseignements de la *Bhagavad Gītā* ? Les enseignements du Seigneur commencent par le mot *aśōcyān* (*Aśōcyān anvaśōcastvam...*) (2.11), ce qui signifie « N'éprouve nulle souffrance ». Ils s'achèvent sur ces deux mots *Mā śucah,* « N'éprouve nulle souffrance ». Les enseignements divins nous guident donc au-delà de toute souffrance. Tel est l'enseignement sacré qui fut donné à Arjuna, un élève qualifié, et que le sage Vyāsa transmit au monde en 700 distiques.

La *Bhagavad Gītā* est appelée *advaita amṛta varṣiṇīm,* la pluie de nectar de l'*advaita.* L'advaita est l'expérience ultime où l'on perçoit toutes les formes de cet univers comme les manifestations de l'Être suprême.

Amma est établie dans cet état. Devenons des Arjunas et buvons le nectar de la *Gītā.* Ce glorieux nectar, l'enseignement de la *Gītā*, nous purifie et nous aide à atteindre le Suprême.

La *Bhagavad Gītā* est considérée comme le cinquième Vēda parce qu'elle contient l'essence des enseignements védiques. Elle est considérée comme particulièrement sacrée car elle provient directement du Seigneur Kṛṣṇa. De même que Mère Gangā coula en cascade des cheveux emmêlés du Seigneur Śiva pour purifier la terre, Mère Gītā jaillit de la bouche du Seigneur Kṛṣṇa pour laver nos pêchés, purifier nos esprits, et nous ramener jusqu'à notre demeure éternelle, *Ōm.*

Penchons-nous sur trois leçons importantes de la *Bhagavad Gītā :*

1. Juste avant que la Guerre du Mahābhārata ne commence, sur le champ de bataille de Kurukṣētra, les armées des Kauravas et des Pāṇḍavas restèrent un moment face à face. Arjuna dit alors au Seigneur Kṛṣṇa : « Ô Kṛṣṇa je T'en prie, conduis mon char et place-le entre les deux armées. Laisse-moi voir les guerriers venus livrer bataille contre nous ».

Kṛṣṇa était certes l'aurige d'Arjuna, mais Il était avant tout le Seigneur en personne, le réel Commandant en chef. Arjuna et les autres n'étaient que Ses instruments. Mais Arjuna l'avait oublié et tenta de faire du Seigneur son instrument.

Dans Sa sagesse infinie, le Seigneur Kṛṣṇa plaça son char à un endroit d'où Arjuna put voir son grand-oncle vénéré, Bhīṣma, et son guru, Drōṇa, dans l'armée adverse. La vue de ces deux hommes réveilla en Arjuna de puissants sentiments d'attachement. Tel est le pouvoir de *Māyā*, l'illusion cosmique. La pensée de combattre et peut-être de tuer ceux qu'il aimait et révérait accabla Arjuna au point qu'il en fut totalement anéanti.

Interrogeons-nous : sommes-nous des instruments entre les mains d'Amma ? Ou l'utilisons-nous comme un instrument pour obtenir la gloire et la renommée ?

Plus tard, Arjuna demanda au Seigneur Kṛṣṇa de l'accepter comme son disciple, et s'abandonna totalement à Lui. Kṛṣṇa dissipa alors son illusion en lui transmettant les enseignements éternels de la *Bhagavad Gītā.* Ainsi, lorsque nous devenons les instruments d'Amma, nous sommes progressivement purifiés et atteignons à la fois la prospérité dans le monde et finalement, l'illumination spirituelle.

2. Dhṛtarāṣṭra était un roi aveugle. Il symbolise le mental, qui est aveugle. Gāndhārī, son épouse, représente l'intellect qui devient aveugle à son tour lorsqu'il épouse le mental aveugle ; c'est la signification symbolique du bandeau qui lui couvre les yeux. Lorsque le mental guidé par le désir (Dhṛtarāṣṭra) contrôle l'intellect (Gāndhārī), des centaines de qualités et de tendances négatives voient le jour. C'est ce que symbolisent leurs cent fils, les Kauravas.

Dhṛta signifie ferme ; *rāṣṭra* signifie position. Dhṛtarāṣṭra est donc quelqu'un qui s'accroche fermement à sa fonction, comme bon nombre de gouvernants politiques. Ne nous comportons pas comme Dhṛtarāṣṭra, en nous accrochant à notre position avec agressivité. Accrochons-nous plutôt aux pieds d'Amma, qui seuls peuvent nous apporter la paix et la joie.

A l'inverse, les cinq Pāṇḍavas représentent les bonnes qualités, généralement moins nombreuses que les qualités et pensées nuisibles. Ils représentent également les cinq sens. Lorsque ces sens sont guidés par le Suprême sous la forme du Seigneur Kṛṣṇa, la victoire est assurée.

3. Le vaillant fils d'Arjuna, Abhimanyu, fut pris au piège du *cakravyūham*, la formation militaire circulaire adoptée par l'armée des Kauravas. Alors qu'Abhimanyu était encore dans le ventre de sa mère, Subhadrā, il avait entendu son père enseigner à sa mère comment briser le cakravyūham et s'y introduire. Mais avant qu'Arjuna n'ait eu le temps d'expliquer comment en ressortir, Subhadrā s'était endormie, suite à quoi Arjuna s'était tu. Abhimanyu n'avait donc jamais appris comment s'échapper du cakravyūham. Piégé par l'armée des Kauravas, il fut tué.

Le cakravyūham possède également une signification symbolique. Il représente le cercle des hautes sphères sociales, le cercle des riches et des puissants. Il est plus difficile encore d'en ressortir que d'y entrer et le piège se referme sur nous. Il en va de même des problèmes que nous nous attirons aisément mais dont il est très difficile de s'extirper ! La création est un grand cercle. En tant qu'enfants de la Mère divine, au lieu de former ou de nous introduire dans de petits cercles ou coteries, mares stagnantes et nauséabondes, identifions-nous plutôt à la famille universelle.

La création est un cercle infini. D'innombrables galaxies tournent autour du Seigneur Viṣṇu, formant un vaste cercle. Formons, nous aussi, un grand cercle autour d'Amma, en chantant son nom sacré et en dansant de joie. Comme les galaxies se fondent finalement dans le Seigneur Viṣṇu, puissions-nous tous nous fondre en Amma.

En retraite avec Amma

Il y a quelques temps, un dévot me confia qu'il s'apprêtait à participer à une retraite autour de la *Bhagavad Gītā.* En jouant sur le mot « retraite », je lançai malicieusement, « La *Bhagavad Gītā* ne ne nous enseigne pas à battre en retraite. Elle nous conseille, nous encourage et nous inspire à aller de l'avant ! » Et n'importe quel jour est le bon jour pour commencer l'étude de la *Gītā ;* mais le meilleur de tous, plaisantai-je, est le 4 mars (en anglais, *March 4th* – se prononce *march forth,* ce qui signifie également, « en avant marche ! »)

En effet, la *Bhagavad Gītā* nous apprend à ne jamais battre en retraite ni fuir la Bataille de la Vie. Elle nous insuffle la force divine d'avancer et de faire face aux épreuves de l'existence avec un esprit calme et paisible.

La *Bhagavad Gītā* dit,

yam labdhvā cāparam lābham
manyatē nādhikam tataḥ
yasmin sthitō na duḥkhēna
guruṇāpi vicālyatē!

L'ayant obtenue (la béatitude infinie), il sent qu'il n'y a rien d'autre à acquérir. Etabli dans cet état, il demeure inébranlable, même dans les circonstances les plus éprouvantes (6.22)

Nous discernons chez Amma ce caractère imperturbable. De nombreux directeurs d'entreprises lui rendent visite afin de se décharger de leur fardeau, de se soulager de la tension ou du stress qui les habite. Elle est donc le modèle du chef idéal. En ce sens, elle ressemble à la Déesse Pārvatī. Pārvatī signifie « celle qui réside sur la montagne (*parvata*) ». Implicitement, celle qui est inébranlable ou immuable, comme une montagne. On désigne également la montagne par le mot *acala*, qui signifie inébranlable et immuable.

La *Bhagavad Gītā* compare celui qui connaît la Vérité à un océan qui ne déborde jamais, même quand tous les fleuves et toutes les rivières s'y déversent. De même, un Satguru comme Amma n'est jamais perturbé par aucun problème ; rien ne peut jamais troubler sa quiétude.

Une histoire illustre parfaitement ce caractère imperturbable. Un maître spirituel japonais enseignait un beau matin à ses disciples et dévots dans son ashram, situé dans une zone sujette aux tremblements de terre. Soudain, il y eut une violente secousse. Tous les dévots se précipitèrent à l'extérieur, craignant que le bâtiment ne s'effondre sur eux, mais le maître, calme et posé, demeura assis. Une fois la secousse passée, les dévots revinrent, honteux, et demandèrent au guru : « Ô maître, pourquoi n'avez-vous pas couru à l'extérieur, comme nous ? »

Le maître sourit et répondit : « *J'ai couru* moi aussi ! La seule différence est que vous avez couru à l'extérieur, alors que j'ai couru à l'intérieur ! »

Le maître s'était retiré profondément en lui-même, en un lieu au-delà du corps et de l'esprit. Tous les grands maîtres spirituels ont parfait cette technique qui consiste à se retrancher du monde extérieur et à demeurer établi dans leur véritable nature, l'*Ātma*, ou pure Conscience. La *Bhagavad Gītā* illustre ce principe à l'aide d'une jolie comparaison :

yadā samharatē cāyam
kūrmo·ngānīva sarvaśaḥ
comme la tortue ramenant ses membres de tous côtés
(2.58)

Cette retraite intérieure est la meilleure de toutes, car le Soi est une forteresse indestructible et imprenable. Les retraites procurent un repos physique et mental, elles régénèrent et purifient le mental épuisé et dissolu.

Avez-vous jamais assisté à un combat entre un cobra et une mangouste ? C'est très intéressant. Le cobra est long et puissant, et il atteint sa cible à la vitesse d'une balle de revolver. La mangouste est une petite créature, mais elle se déplace rapidement et esquive vivement les assauts. Chaque fois que le cobra frappe, la mangouste fonce se réfugier à proximité à l'abri d'un buisson, grignote quelques herbes, puis revient, de nouveau prête au combat. Le cobra finit par se fatiguer et la mangouste, par l'emporter sur lui.

Nous, enfants d'Amma, sommes pareils à la mangouste, et ses ashrams sont le buisson où nous nous réfugions lorsque le cobra du monde nous mord. Les herbes rares que sont le darshan d'Amma, l'arcana, la récitation du mantra, les bhajans et la méditation, ont le pouvoir de nous guérir de sa morsure.

Une retraite en la présence divine d'Amma est un cadeau précieux. Premièrement, la nourriture (*prasād*) nous vient directement de ses mains divines. Deuxièmement, la retraite est un véritable re-traitement – en sa présence, nous sommes de nouveau à l'abri, dans une atmosphère calme et paisible. Lorsque nous réglons la fréquence de notre esprit sur la présence divine d'Amma, il bénéficie d'un véritable bain de jouvence.

Bon nombre d'entre nous ont eu d'heureuses expériences des retraites. Durant les tours d'Amma du nord et du sud de l'Inde, les participants s'arrêtent pour déjeuner et pour prendre le thé du soir avec Amma. Ce sont de brèves retraites. Tout le monde se rassemble autour d'Amma, qui répète de nouveaux bhajans, médite avec ses enfants, lance une session de questions-réponses, des plaisanteries, offre des conseils précieux sur les pratiques spirituelles, puis distribue le prasād.

Nos corps savourent le repos que leur apporte le sommeil profond, mais l'esprit, lui, n'est pas nécessairement reposé. Celui qui se couche l'esprit préoccupé se réveille déprimé et d'humeur maussade. Les psychiatres modernes ne peuvent nous aider que jusqu'à un certain point. Seul le guru peut purger tous les aspects négatifs de notre esprit.

Les retraites et les camps de pratiques spirituelles (sādhana) nous en apprennent davantage sur nous-mêmes. Ils nous aident également à comprendre que le véritable bonheur se trouve en nous et dans le fait de donner plutôt que de recevoir. L'archana, le yōga, les cours sur les Écritures et les enseignements d'Amma, les bhajans d'Amma, voilà les véritables cadeaux, la nourriture de l'âme.

Amma dit : « Si nous ne renonçons pas à la saveur de la langue, nous ne goûterons jamais la saveur du Soi ». En sa présence, il est aisé de renoncer à la saveur de la langue. De façon surprenante, l'objet auquel nous renonçons le plus difficilement est le téléphone portable ! Il nous accompagne jusque dans le hall de prière pendant les satsangs et les bhajans d'Amma. Faire une retraite signifie pourtant se déconnecter, se retrancher du monde extérieur.

Puissions-nous comprendre le sens réel et le véritable objectif des retraites, et trouver le temps d'y participer. Les retraites nous insufflent la force divine, la paix et la joie. Puissions-nous également apprendre à partager la joie et la paix avec nos frères et sœurs humains.

Ce que signifie être un Brāhmane

svasti prajābhyaḥ paripālayantām
nyāyyēna mārgēṇa mahīm mahīṣāḥ
gō brāhmaṇēbhyaḥ śubhamastu nityam
lōkāḥ samastāḥ sukhinō bhāvantu

Puissent tous les sujets vivre en harmonie
Puissent les rois gouverner la terre avec justice
Puissent les vaches et les Brāhmanes vivre sous les meilleurs auspices
Puissent tous les êtres de tous les mondes être heureux.

Les lignes citées ci-dessus sont le *śanti mantra*, ou prière pour la paix universelle. Il est arrivé, et c'est bien regrettable, que certains citent de façon inexacte ou interprètent mal nos Écritures dans la seule intention de dénigrer notre religion. L'un des stratagèmes auxquels ces personnes ont souvent recours consiste à isoler une ligne d'un mantra afin d'en créer une image déformée.

Par exemple, la troisième ligne du mantra ci-dessus est souvent citée isolément : « Puissent les vaches et les Brāhmanes vivre sous les meilleurs auspices. » Elle paraît alors pour le moins empreinte de préjugés et au pire, apporter la preuve de l'approbation par les Écritures d'un certain élitisme social. Le contexte amené par les autres lignes du mantra, qui permet une compréhension correcte, est, de façon commode et sans aucun scrupule, ignoré.

Il y a, en outre, de bonnes raisons pour que les vaches et les Brahmanes aient été spécifiquement mentionnés dans ce mantra. Dans l'ancien temps, les vaches étaient la richesse d'une société. Elles donnent en abondance du lait nourrissant et réclament relativement peu de soins et de nourriture.

Du lait provient le *ghee* (beurre clarifié), l'offrande la plus importante lors d'un *yajña*, car il est considéré comme la nourriture des dieux. Le *ghee* est également un ingrédient essentiel dans la préparation des remèdes ayurvédiques et du *pañcagavyam*, un produit laitier ingéré pour purifier le corps. Même la bouse de vache a de multiples usages ; elle sert entre autres d'engrais, de remède médicinal, de pavage pour le sol... Pour ces nombreuses raisons, nos Écritures placent les vaches à égalité avec les mères, qui donnent le maximum possible à leur enfant, sans rien attendre en retour.

Les vaches donnent également naissance aux bœufs, nécessaires dans les sociétés agraires traditionnelles pour labourer la terre. De plus, les bœufs étaient alors le seul moyen de transport utilisable par le commun des mortels. Les bovins sont même parvenus jusqu'au panthéon des dieux : le véhicule du Seigneur Śiva est Nandi, le bœuf divin, tandis que le Seigneur Kṛṣṇa est souvent représenté appuyé contre une vache.

Quant aux Brāhmanes d'antan, ils étaient plongés en permanence dans l'apprentissage des Écritures et transmettaient ainsi la sagesse au peuple. Ils menaient une existence spartiate, fondée sur le principe suivant : donner le maximum et prendre le minimum.

La *Vajrasūci Upaniṣad* décrit un Brāhmane comme un être qui a atteint l'unité avec Brahman, le Suprême. Une telle personne incarne le meilleur exemple possible de l'extrême désintéressement et de la compassion la plus profonde, car elle a eu l'expérience directe que l'univers entier est la forme cosmique de Dieu. Les *Purāṇas* racontent la vie de mahātmās tels que Vasiṣṭha, Atri, Viśvāmitra et Bharadvāja.

Il n'est pas dit dans les Écritures qu'il suffit de naître dans une famille brāhmane pour être un brāhmane. En fait, elles affirment clairement que ce sont ses vertus et ses actions qui déterminent si un individu est un brāhmane. Le sage Vyāsa qui codifia et préserva le savoir védique, et permit ainsi la transmission de cette sagesse, était le fils d'une simple pêcheuse, Satyavatī. Le grand sage Parāśara vit en cette jeune fille vertueuse la mère idéale pour son futur petit-fils.

En réalité, celui ou celle qui est désintéressé, qui a le cœur extrêmement pur, et qui utilise sa connaissance pour servir les autres, est un brāhmane et doit par conséquent être protégé. En ce sens, un scientifique qui œuvre jour et nuit avec abnégation pour découvrir un remède contre le cancer peut être considéré comme un brāhmane. Nous pouvons choisir de devenir des brāhmanes, si nous le désirons ; peut-être pas aux yeux de la société, mais dans un sens plus subtil. En fait, beaucoup le sont. Par exemple, les pèlerins qui marchent pour voir le Seigneur Ayyappa au sommet du mont Śabari observent pendant 41 jours un vœu de célibat, de végétarisme, de propreté physique et mentale, et prient plusieurs fois par jour. Ils adoptent, en fait, un mode de vie brahmanique. Il n'y a aucune raison pour qu'ils ne puissent pas continuer par la suite à mener une telle existence. Libre à nous de devenir des Brāhmanes en adoptant ce mode d'existence.

Nous pouvons même affirmer que le *pūjāri* (prêtre) brāhmane d'antan ne nourrissait aucun préjugé à l'encontre des personnes des autres castes. C'est la pureté que vénérait le prêtre dans le sanctuaire, quelle que fût la forme recevant cette adoration. Les Brāhmanes vénéraient les 12 *Aḷvārs* (saints Vaiṣnava) et 63 *Nāyanmārs* (saints Śaiva), issus de différentes castes, incluant celle des intouchables. Les statuettes de ces saints ornent les murs extérieurs du *sanctum sanctorum*, dont les dévots pratiquent avec révérence la circumambulation.

Une histoire très intéressante, tirée des annales de l'histoire du Kérala, démontre la grande importance accordée aux vertus et aux actions d'un individu, quelle que soit la caste dont il est issu. Cette histoire concerne la vie des 12 enfants de Varuci, un Brāhmane, et de son épouse, une femme d'une tribu rurale. Les douze enfants furent élevés par des parents adoptifs appartenant à différentes castes.

Une fois adultes, les 12 enfants se retrouvaient une fois par an, à l'occasion de l'anniversaire de la mort de leurs parents biologiques. Ils se rassemblaient dans la demeure d'Agnihōtri, le frère aîné, qui avait grandi auprès de parents adoptifs brāhmanes. Ils pratiquaient ensemble des rites funéraires, dînaient, puis la fratrie entière passait la nuit chez Agnihōtri, avant de repartir le lendemain matin.

Une année, les membres de la famille brāhmane d'Agnihōtri exprimèrent leur déplaisir de voir certains de ses frères de castes inférieures passer la nuit sous leur toit. Ils prièrent Agnihōtri de réveiller ses frères endormis et de les renvoyer chez eux. Celui-ci leur suggéra de se charger eux-mêmes de cette tâche déplaisante. Ils pénétrèrent dans les chambres, une par une, et dans chacune d'elles, ils découvrirent le Seigneur

Viṣṇu étendu à l'endroit où l'un des frères d'Agnihōtri était allongé.

Tout être humain, en fait, tous les êtres en ce monde, animés et inanimés, est la manifestation du Divin. Agnihōtri était un véritable brāhmane, qui voyait le Divin en tout et traitait tout le monde comme différentes formes de Dieu.

Un autre incident, plus proche de nous, montre qu'un véritable brāhmane est celui qui a réalisé Brahman. Il y a de nombreuses années, à une époque où l'ashram était pauvre et luttait durement pour joindre les deux bouts, Amma faisait chaque année, à l'occasion de son anniversaire, don d'une maison à une personne indigente. Un jour, la bénéficiaire d'une de ces maisons empêcha des brahmacārīs de traverser sa cour ; ces derniers, engagés dans des travaux de construction, poussaient une brouette remplie de sable et ladite cour leur offrait un raccourci bienvenu.

Furieux, ils rapportèrent les faits à Amma, mais elle se contenta de rire et leur conseilla d'emprunter le chemin le plus long. Quelques années plus tard, apprenant que cette femme rencontrait des problèmes financiers, Amma lui offrit un emploi dans notre hôpital. Telle est la nature d'un brāhmane. Amma ne voit que le Soi pur briller en chaque être et elle n'éprouvait ni répugnance ni aversion envers cette femme. En vérité, Amma est la meilleure d'entre les *brahmaniṣṭas*, ceux qui connaissent le Suprême.

De même que nous vénérons les vaches et les brāhmanes pour leur esprit désintéressé, eux qui donnent le maximum et prennent le minimum, nous vénérons Amma parce qu'elle est une apothéose de ces principes. Puisse la famille de telles « grandes âmes » s'agrandir !

Prions Amma de nous accorder sa grâce, afin de lui ressembler davantage par les qualités d'amour et de désintéressement, et en considérant l'univers tout entier comme sa famille. Nous finirons ainsi par nous fondre en son être infini, Brahman.

Expansion

Nous vivons dans un monde qui s'est réduit à un quartier avant de s'élargir en une fraternité !

Cette déclaration éclairée du 36ème président des États-Unis, Lyndon B. Johnson, est aujourd'hui encore aussi pertinente qu'à l'époque où il l'a prononcée. On dit que la science et la technologie ont rapproché les nations et les peuples. Ce n'est vrai que dans une certaine limite. Certes, nous pouvons aisément communiquer avec quelqu'un qui se trouve à des milliers de kilomètres. Mais sommes-nous capables d'accepter tous nos semblables comme nos frères humains ? Nous avons entendu prononcer le mot *mahātmā*, mais il est rare que nous réfléchissions à sa signification. Un mahātmā est un être dont le cœur s'est élargi jusqu'à accueillir toute la création. C'est pourquoi les mahātmās sont rares.

Les gens disaient de Gāndhiji que c'était un mahātmā parce qu'il avait dédié sa vie aux Indiens et aux opprimés. La vie d'Amma est dédiée non seulement aux Indiens et aux ressortissants d'autres nations, mais à tous les êtres vivants de cet univers. Dans le chant mystique chanté par Amma, *Ānanda Vīthiyil,* « Ne voyant rien comme séparé de mon propre Soi. » son Soi est devenu tout. Sa compassion n'est animée d'aucune intention égoïste. Elle voit tous ses enfants comme une part de sa propre forme, de son corps cosmique. La Mère divine est appelée *avyāja karuṇā mūrtī* (incarnation de la pure compassion) (*Lalitā Sahasranāma*, 992).

Il était une fois un mahātmā qui vivait dans une forêt. Le roi de ce pays, qui n'était ni très pieux ni très respectueux, rencontra le mahātmā au cours d'une chasse. Il lui demanda alors avec dédain : « Qu'avez-vous donc de si glorieux ? Moi, je possède un vaste royaume, le pouvoir et de multiples richesses. Vous, vous n'avez rien ! »

Le mahātmā répondit : « Venez, allons marcher un peu et je vous expliquerai certaines choses ». Les deux hommes se promenèrent ensemble un long moment et arrivèrent aux limites du royaume. Le mahātmā continua à avancer à l'intérieur du royaume voisin, mais le roi s'arrêta et dit : « Je ne peux pas pénétrer dans ce royaume. Si j'étais pris, je risquerais même d'être exécuté ! »

Le mahātmā rit et s'exclama : « Voilà la différence entre vous et moi. Regardez dans cette direction : un accueil somptueux m'attend ! » Sur ces mots, le mahātmā s'en alla. Le roi saisit alors la différence entre le pouvoir limité d'un « dirigeant » et le pouvoir infini d'un saint qui a réalisé Dieu.

Voici un beau dicton :

svagṛhē pūjyatē mūrkhaḥ
svagrāmē pūjyatē prabhuḥ
svadēśē pūjyatē rājā
vidvān sarvatra pūjyatē

Un imbécile est célébré dans sa maison,
Un Seigneur est respecté dans sa ville,
Un roi est vénéré dans son pays,
Un homme qui a acquis le savoir est honoré partout !

En Inde, les véhicules doivent payer une taxe de tourisme chaque fois qu'ils pénètrent dans un autre Etat. Les bus du Kérala entrant au Karnātaka doivent payer environ 500 roupies par personne. Durant les tours de l'Inde d'Amma, plus de 500 personnes, incluant des résidents de l'āśram et des dévots, l'accompagnent. Nous serions donc censés payer une taxe de plus de 2.5 *lakhs* (250 000 roupies).

Mais comme Amma est une invitée d'État du gouvernement du Karnātaka, on nous fait grâce de cette taxe. La plupart des autres Etats indiens n'exigent pas non plus de taxe de tourisme de notre groupe. Les enfants d'Amma jouissent donc d'une part des honneurs que lui confèrent les Etats indiens.

Śrī Rāma et Śrī Kṛṣṇa étaient révérés par leurs sujets non pas en leur qualité de rois, mais parce qu'ils étaient des incarnations divines. Amma est vénérée non pas parce qu'elle est à la tête de nombreux ashrams et institutions, mais parce qu'elle incarne le pouvoir de la Mère universelle. Ses tours du monde rassemblent les gens dans un esprit d'amour et d'harmonie.

Lorsque deux ou plusieurs brillants personnages sont en présence, il s'instaure souvent une rivalité. Même à *Indralōka*, le monde d'Indra, le roi des dieux, un conflit éclata entre Indra et Sūrya, le dieu soleil. Cette animosité réciproque se transmit à leurs fils. Un affrontement eut lieu entre Vali, le fils d'Indra, et Sugrīva, le fils de Sūrya, qui coûta la vie à Vali. Mais juste avant qu'il ne meure, tous deux renoncèrent à leur inimitié et se réconcilièrent par amour pour le Seigneur Rāma.

Malgré les différends qui les opposaient, les dieux étaient toujours prêts à faire la paix lorsque le Seigneur Viṣṇu ou le Seigneur Śiva intervenaient. De même, les enfants d'Amma s'efforcent de renoncer à leurs querelles pour l'amour d'Amma, à cause de l'intense dévotion qu'elle leur inspire. La capitale du royaume du Seigneur Rāma était Ayōdhyā, qui signifie littéralement « sans conflit ». Souvenons-nous que nous sommes membres d'une même communauté spirituelle : celle des enfants bénis d'Amma. Où que nous soyons, nous pouvons ainsi recréer Ayōdhyā.

On peut résumer les enseignements éternels du Seigneur Kṛṣṇa dans la *Bhagavad Gītā* par ces mots : « *mām anusmara yudhya ca,* Souviens-toi de moi et combats » (8.7). Le véritable ennemi est en nous : l'ego et ses rejetons, les pensées négatives. La conscience permanente que nous sommes tous des enfants d'Amma nous permet de nous concentrer sur nos propres faiblesses plutôt que de critiquer les autres. Lorsque nous aurons gagné cette bataille, nos cœurs deviendront Amritapuri, un temple dédié à Amma, et Ayōdhyā, un sanctuaire de paix.

Prenez Garde à la Colère

En route pour le Festival Brahmasthānam de Mangalore, Amma s'arrêta un jour à l'Amṛta Vidyālayam (école) de Kāñhangāḍ pour le thé du soir, la méditation et la pratique de bhajans. Pendant la session de questions-réponses, une dévote demanda : « Est-il mal d'éprouver de la colère envers Amma ? »

Cette question révélait la pureté de son esprit, sa simplicité enfantine et sa franchise. Je me souvins d'un beau poème de William Blake :

> J'étais en colère contre mon ami,
> Je lui exprimai mon courroux, mon courroux se dissipa,
> J'étais en colère contre mon ennemi,
> Je ne le dis pas, mon courroux grandit.
>
> — William Blake

La dévote expliqua ensuite la raison de sa colère. Suite à un léger problème de communication entre elle et les dévots locaux qui organisaient le programme, elle n'avait pas pu recevoir le darshan d'Amma ! Habituellement, ceux qui voyagent avec Amma ne vont pas au darshan à cause des foules immenses qui se pressent pour la voir. Cependant, Amma avait dit aux dévots qui l'accompagnaient que s'ils en ressentaient vraiment le besoin, ils pouvaient recevoir son darshan, bien que forcément bref.

Pour nous, ses enfants, Amma est l'incarnation de Dieu. Conservant cette pensée à l'esprit, efforçons-nous de lui donner le meilleur de nous-mêmes. Śrī Rāmakṛṣṇa Paramahamsa disait, « Quoi que vous offriez à Dieu, cela vous revient mille fois multiplié. Alors, faites attention à ce que vous Lui offrez ! »

Néanmoins, la compassion de Dieu est si grande que, comme l'indiquent nos Saintes Écritures, « Toute émotion dirigée vers Dieu avec concentration et intensité est purifiée ». Les gōpīs de Vṛndāvan dirigèrent leur amour intense vers le Seigneur Kṛṣṇa et atteignirent la libération. Kamsa savait qu'il allait périr par la main de Kṛṣṇa et pensait continuellement à Lui avec effroi ; il fut tué et obtint la libération. Śiśupāla, qui avait développé une haine intense à l'encontre du Seigneur Kṛṣṇa, combattit le Seigneur, fut tué par Lui et gagna ainsi la liberté éternelle.

Être auprès d'Amma est une véritable bénédiction. En sa présence lumineuse, nos tendances négatives nous sont révélées et nous faisons l'effort sincère de les éliminer. Amma nous met dans des situations qui nous rendent conscients de nos imperfections. Graduellement, nous nous purifions en sa présence divine. Quand nous prenons conscience des fausses valeurs et des mauvaises tendances qui nous habitent, nous progressons.

Il y a de nombreuses années, alors qu'Amma était en tour à l'étranger et que j'étais encore Brahmacārī Satyātma Caitanya, vêtu de la robe jaune des brahmacārīs/brahmacāriṇīs initiés, il m'arriva à plusieurs reprises d'entrer dans de grandes colères. J'en fus attristé et décidai de demander à Amma, à son retour, pourquoi elle avait accordé la robe jaune à quelqu'un d'aussi irascible que moi.

Lorsqu'Amma fut de retour, j'allai au darshan avec l'intention de lui poser cette question. Lorsque vint mon tour, elle m'étreignit, posa ma tête sur ses genoux et annonça « Je vais lui accorder *sanyāsa !* »

Le commencement du progrès consiste à devenir conscient, de plus en plus conscient. Ce n'est possible qu'en la présence d'un maître éveillé comme Amma. En sa présence, nous sentons progressivement le changement s'opérer en nous, les vents de la grâce divine dissiper le nuage qui nous assombrit. Finalement, nous découvrons sa divine présence en nous, sous la forme de la pure conscience, qui nous fait comprendre qu'elle est présente, sous la même forme, en tous les êtres. Cette prise de conscience suffit à nous unir tous comme les membres d'une seule famille et nous aide à y faire régner la paix et la joie.

« Amma, puissent tous les êtres se montrer bons envers moi ! »

« Amma, puissent tous les êtres se montrer bons envers moi ! », telle est, de manière générale, notre attitude. Nous souhaitons que tout le monde fasse preuve de bienveillance à notre égard.

« Puisse le vent être doux avec moi, ainsi que les océans, les plantes (qui me procurent de la nourriture), les vaches... » dit une prière védique.

Amma nous recommande d'être bons envers tous les êtres de l'univers. Pour mériter le nom d'être humain, il est nécessaire de développer la capacité de voir l'unité dans la diversité, de voir tous les êtres de cet univers comme interdépendants, et de partager ce que nous possédons avec nos semblables. *Paśyati iti paśuḥ*, celui qui ne fait que voir est l'animal ; *mananāt manuṣyaḥ*, celui qui non seulement voit, mais en outre observe et apprend du monde, est un être humain.

Récemment, j'ai lu un poème amusant intitulé : « L'Erreur de Darwin ».

Trois singes, assis dans un cocotier,
discutaient de sujets divers.
L'un d'eux dit : « Frères, j'ai entendu une rumeur
Selon laquelle l'homme descendrait de notre noble race.
Cette seule pensée est déshonorante
Car aucun singe n'a jamais battu ses enfants, ni délaissé sa femme,
Aucun singe n'a jamais construit de clôtures autour des cocotiers,

Et laissé les fruits pourrir.
Et si la faim a pu forcer un singe à voler,
Aucun singe n'a jamais pris la vie d'un autre.
Pas de doute ! L'homme est assurément descendu,
Mais pas de nous ! »

Certains êtres humains se sont très certainement abaissés jusqu'au niveau de l'animal ! Et c'est alors que Dieu *descend* Lui aussi jusqu'au niveau des êtres humains afin de les élever du niveau de l'animalité à celui de l'humanité, puis, graduellement, jusqu'au niveau divin, d'où ils ne retomberont plus jamais. En sanskrit, cette descente du Divin est appelée *avatār*.

« Sois comme Dieu, qui donne, et non comme le chien qui reçoit, » tel est le merveilleux message qui sous-tend la vie d'Amma. Elle donne avec une générosité extraordinaire, sans jamais songer à prendre quoi que ce soit. Tout au long de sa vie, Amma a répandu sur nous la grâce divine. Elle a fait de son āśram un aqueduc reliant les riches et les deshérités, les possédants et ceux qui n'ont rien.

Un roi ordonna un jour de tuer tous les lions et les tigres parce qu'il les jugeait cruels. Il s'ensuivit une augmentation de la population des cerfs et autres herbivores, ce qui affecta l'ensemble du règne végétal. Si nous tuons les serpents, les rats proliféreront.

Partout dans la nature, nous voyons un équilibre parfait. Ce sont les êtres humains qui créent un déséquilibre au sein de la création.

Les *avatārs* viennent sur terre pour rétablir cet équilibre détruit par les êtres humains. La nature nous bénira si nous contribuons à son équilibre, en ne prenant que ce dont nous avons besoin. Amma, par l'exemple même de sa vie, nous enseigne cette formule merveilleuse et vivifiante. On peut nous dérober nos richesses extérieures, mais nul ne peut nous déposséder de notre richesse intérieure Le monde entier se prosterne devant un être qui, comme Amma, a découvert ce trésor intérieur.

Lorsque le Bouddha marchait dans les rues, en mendiant de porte en porte, les gens s'exclamaient en le voyant, « Regardez ! Il tient une sébile à la main mais il a le port d'un roi !» Lorsque je lus ces lignes, il y a de nombreuses années de cela, j'aspirai à rencontrer un tel être. Et le jour où je reçus le darshan d'Amma pour la première fois, ce vœu fut exaucé. En ce temps-là, son āshram se limitait à une minuscule parcelle de terrain, qui faisait moins d'un kilomètre carré !

Le récit des expériences de Swāmi Vivēkānanda lorsqu'il arriva aux États-Unis me vient également à l'esprit. Il était assis dans la rue, l'estomac et les poches vides, quand un couple fortuné, M. et Mme Georges Hale, sortirent de leur demeure grandiose, attirés par ce moine serein venu d'Inde. Ils l'invitèrent chez eux et dès lors, prirent soin de lui et firent tout leur possible pour l'aider. Swāmi Vivēkānanda n'avait suivi aucun stage de développement personnel. Il avait été l'élève d'un merveilleux maître, Srī Rāmakṛṣṇa Paramahamsa. Un satguru comme Amma peut faire cela pour nous : réveiller la nature divine qui sommeille en nous.

Nouvelle année, nouvelles oreilles !

Dans de nombreuses langues de l'Inde, une personne qui parle trop est appelée un « couteau », probablement parce qu'elle tue les autres avec ses discours ! Les plus volubiles sonrt qualifiées « d'épée » ou même « d'épée rouillée ! »

Si Dieu nous a donné deux oreilles et une bouche, ce n'est pas fortuit. Cela indique que nous devrions écouter deux fois plus que nous ne parlons.

Tulsīdās dit que les oreilles humaines doivent servir principalement à écouter le nom de Dieu (les noms et les histoires de Srī Rāma) et autres enseignements. En fait, tous les gurus et tous les mahātmās l'affirment : les meilleures oreilles sont celles qui se délectent des noms et de la parole du Seigneur.

Selon Amma, « les meilleures oreilles ne sont pas celles qui portent de beaux pendants et de belles boucles, mais celles qui savent écouter les souffrances des autres. »

« Regardez comment Amma écoute même un petit enfant ! Elle prête une attention totale à ses paroles ! » fit un jour remarquer Swāmi Amṛtaswarupānanda dans un discours.

L'écoute est un art, au même titre que le chant et la conversation, et requiert également du talent ! Nous croyons peut-être qu'il est facile d'écouter, mais c'est une erreur. Il est très difficile d'écouter. Généralement, les gens désirent parler quand les autres s'adressent à eux. Nous interrompons notre interlocuteur, inconsciemment et sans nous rendre compte à quel point notre attitude est grossière et discourtoise.

J'ai lu un jour un article qui relatait une expérience menée par quelques psychologues renommés. On demanda à deux orateurs célèbres d'engager un dialogue qui fut enregistré. Une analyse de la discussion révéla que ce qui ressemblait à un dialogue était en fait la juxtaposition de deux monologues. Il y avait peu de relation entre les paroles de l'un et la réponse de l'autre. Lorsque l'un parlait, l'autre ponctuait de façon mécanique les dires de son interlocuteur par des, « Oui, bien sûr ! » ou « Ah, c'est très vrai ! ». Néanmoins, la seconde personne, trop occupée à penser à ce qu'elle allait dire lorsque l'autre s'arrêterait de parler, n'écoutait pas réellement.

Dans la *Bhagavad Gītā*, afin d'apporter aide et soulagement à un Arjuna bouleversé, le Seigneur Kṛṣṇa écoute longuement ses lamentations. Le divin psychologue permet à son patient humain d'évacuer toute sa peine et sa confusion, et de se décharger ainsi de son fardeau. Au chapitre 1 (18 versets, des versets 29 à 47) et au chapitre 2 (5 versets, des versets 4 à 8) Arjuna se lance donc dans un long monologue devant l'omniscient Kṛṣṇa, qui l'écoute avec une infinie patience. Kṛṣṇa transmet ensuite à Arjuna les enseignements éternels, dissipe son trouble ainsi que sa tristesse, et lui insuffle une force spirituelle infinie.

La plupart d'entre nous ont vu Amma écouter patiemment non seulement le récit des souffrances de millions de personnes qui viennent à elle, mais également les interminables « sermons » de certains « Arjunas » instruits, oublieux de sa nature omnisciente ! Amma ne se contente pas de nous expliquer quelles sont les « meilleures oreilles. » Elle met en pratique ce qu'elle prêche !

L'un des bhajans chanté à l'āshram contient le vers suivant :

kuñjurumbin kālsvanavum śraviccīḍum kṛpārāśē
Ô Mère pleine de compassion, qui entend même les pas d'une fourmi...

Gaṇapati a les oreilles en forme d'éventail d'un éléphant *(cāmara karṇa.)* Celles-ci symbolisent sa capacité illimitée d'écouter les litanies de souffrances de ses dévots, quel que soit leur éloignement géographique.

Combien de temps avons-nous gaspillé en prêtant l'oreille à des bavardages futiles ! L'étude des Écritures est un devoir sacré, à la fois envers Amma et envers nous-même. Amma n'est pas uniquement notre Mère, mais également notre guru. Elle attend patiemment que nous évoluions et devenions aptes à obtenir *mōkṣa* (la libération spirituelle.)

Selon les Ecritures : « Ayant purifié le mental par des actions désintéressées et par la dévotion, approchez le guru avec humilité et un total abandon. Asseyez-vous aux pieds du guru et recevez *ātma upadēśa*, conseils et instructions sur la manière de connaître notre véritable nature. Le chemin vers ce savoir réside dans *śravaṇam* (l'écoute), *mananam* (la réflexion) et *nididdhyāsanam* (la contemplation.) » Faisons la promesse d'utiliser nos oreilles principalement pour écouter les Écritures (les conseils d'Amma), le récit des gloires du Seigneur et la musique dévotionnelle.

Bhakti Yōga, la voie de la dévotion, comprend neuf types de dévotion : *nava-vidha-bhakti*:

śravaṇam kīrtanam viṣṇōh
smaraṇam pādasēvanam
arcanam vandanam dāsyam
sakhyam ātmanivēdanam

Ecouter (les récits qui parlent de Viṣṇu), chanter ou réciter Son nom sacré,

Penser à Lui, servir ses pieds sacrés,
L'adorer avec des fleurs, se prosterner devant Lui,
développer l'attitude d'un serviteur,
Le considérer comme un compagnon constant et loyal,
et s'abandonner totalement à Lui.

Notons que la *bhakti* commence avec śravaṇam, écouter le récit des gloires et les noms divins du Seigneur.

Les *bhakti śāstras* (Écritures dévotionnelles) expliquent que Dieu entre dans le cœur par les oreilles, c'est-à-dire, lorsque nous écoutons les textes qui parlent du Seigneur. Lorsque le sage Śukadēv s'apprêta à faire le récit du *Bhāgavatam*, de nombreux grands ṛṣis et même des dieux vinrent l'écouter.

Développons, nous aussi, l'habitude d'écouter les Ecritures et la récitation des noms du Seigneur. Rien ne peut nous procurer plus grande joie.

Tulsīdās affirme que les oreilles de celui qui n'écoute pas les louanges à la gloire du Seigneur ne sont que des trous où résident les serpents ! En d'autres termes, tout autre élément qui pénètre dans les oreilles est empoisonné. Il dit plus loin que la bouche qui ne chante pas le nom sacré de Dieu ne vaut pas mieux que la bouche d'un crapaud, laquelle ne s'ouvre que pour avaler des insectes ! Autrement dit, notre bouche ne doit pas servir uniquement à manger. Selon lui, les yeux qui refusent de voir la forme enchanteresse du Seigneur sont comme les « yeux » sur les plumes du paon, aveugles. Si Tulsīdās nous voyait, les oreilles constamment obturées par nos téléphones portables, que penserait-il de nous ?

A Amritapuri, Dieu entre en nous non seulement par les oreilles, mais aussi par les yeux. Chaque lundi, mardi et vendredi, quand Amma dirige une session de questions-réponses, nos oreilles sont à la fête. Lorsqu'elle est en visite dans d'autres lieux, elle fait des discours spirituels, nourriture pour l'âme. En toutes ces occasions, nos yeux peuvent méditer sur sa forme physique. Celui dont l'esprit est constamment concentré sur Amma et qui l'a complètement absorbée en lui n'a pas besoin d'étudier les Écritures. Mais il est très difficile d'y parvenir et nous sommes pour la plupart tenus d'étudier les Ecritures afin de mieux connaître Amma et de mieux nous connaître nous-mêmes.

Il se peut que les dévots s'interrogent : « Puisqu'Amma dispense elle-même des enseignements spirituels, est-il utile que ses disciples et dévots le fassent ? »

En réalité, il y a certaines choses qu'Amma ne dira pas et que nous, ses enfants, devons expliquer aux dévots. Par exemple, le satsang d'Amma commence souvent par la phrase : *« Makkaḷ ellām iviḍe etti,* Mes enfants sont tous parvenus jusqu'ici ». Mais nous, nous pouvons dire : « *Ammayuḍe makkaḷ ettēṇḍa iḍattil etti,* Les enfants d'Amma ont atteint la véritable destination », c'est-à-dire, la présence divine d'Amma.

Qui d'autre qu'Amma peut nous conduire à notre demeure éternelle ? C'est par la grâce du guru, et non pas uniquement par nos efforts personnels, que nous pouvons réaliser notre véritable nature en tant que Soi immortel. Pour le comprendre, il faut étudier les Écritures sous la direction d'un professeur qualifié. *Śravaṇam* est donc indispensable.

Prions Amma de nous accorder également la capacité et la patience d'écouter les souffrances des autres et de les guider jusqu'à elle. Lorsque nous entendons leurs souffrances, nous pouvons leur offrir une solution simple en disant : « Je t'en prie, va voir Amma et reçois son darshan. Elle te délivrera de tes tourments et t'accordera la paix, la joie et la béatitudc infinics. »

Postface

Amṛta Sūtram

L'āshram d'Amma à Bangalore est un lieu de méditation beau et paisible. Tôt, chaque matin, et tard le soir, je m'asseois dans le corridor à l'extérieur de ma chambre, face à un jacquier qui s'élève dans la cour de l'āshram. Je me souviens des paroles d'Amma : « La bhakti est comme un jacquier, dont les fruits poussent sur le tronc même de l'arbre, assez bas pour que nos mains puissent l'atteindre. Vous n'êtes pas obligés de grimper au sommet pour en cueillir les fruits. »

Amṛta Sūtra ![1] Les enseignements du guru sont habituellement dispensés en quelques mots. Le disciple doit réfléchir et se livrer à l'introspection afin d'en saisir la signification profonde.

J'ai beaucoup appris en méditant l'enseignement d'Amma sur le jacquier...

Nous pouvons recueillir très tôt les fruits de la dévotion, c'est-à-dire, la joie et la paix, sur le chemin spirituel menant à mōkṣa. Tandis que sur le chemin de jñāna, nous ne trouvons la joie et la paix qu'à la fin du voyage spirituel.

Le jacquier est un arbre sacré. Son bois est utilisé durant les *hōmas,* les feux sacrificiels. Les arbres donnent sans rien recevoir ; ils n'existent que pour les autres. Dans ses *Rāmcaritmanas*, Tulsīdās déclare :

[1] Un sūtra est un épigramme empreint de sagesse spirituelle.

santa viṭāpa saritā giri dharaṇī
parahita hētu sabanha kai karaṇī

Les saints, les arbres, les rivières, les montagnes et la terre n'existent que pour le bien des autres. (7.125.3)

Les maîtres spirituels nous enseignent que la création entière est une manifestation de l'Être suprême.

puruṣa ēva idam sarvam
yad bhūtam yac ca bhavyam

Toutes ces choses sont des manifestations de ce suprême Puruṣa (être),
tout ce qui était par le passé et tout ce qui sera dans le futur !

Śrī Puruṣa Sūktam, 2

Mère Nature nous enseigne silencieusement la très grande vertu qui consiste à partager. Nous avons envers elle une immense dette de gratitude. Comme le déclara de façon mémorable Swāmi Vivēkānanda : « Seuls vivent ceux qui vivent pour les autres. Tous les autres sont plus morts que vivants ! »

Dans les temps anciens, lorsque vers l'âge de 24 ans les brahmacārīs avaient terminé leurs études à la gurukula, ils étaient déjà conscients de leur devoir envers le monde : « Nous avons tant reçu du monde. Nous avons le devoir de rendre quelque chose, si peu que ce soit ».

Ils savaient que les ṛṣis leur avaient dispensé la connaissance, que les dieux, leurs parents et leurs ancêtres, les avaient maintenus en vie, que les autres êtres humains et même la flore et la faune avaient tous contribué à leur croissance. Par conséquent, profondément conscients de devoir beaucoup au monde, ils accomplissaient *pañca yajñas.*[2] Ils entraient ainsi dans le cycle intrinsèque à la famille universelle : donner et recevoir.

Récemment, alors que je me trouvais à Eṭṭimaḍai, Coimbatore, je rencontrai Jay Mishra, un dévot qui dirige certains des projets de notre āshram. Je lui demandai s'il était venu là afin d'y donner un cours.

« Non ! répondit-il, j'attends Swāmi Rāmakṛṣṇānandaji qui part pour les Philippines, afin de remettre un chèque d'un million de dollars au fonds de solidarité pour les victimes du cyclone.

« Je suis également ici pour rencontrer un expert dans le domaine de la purification de l'eau, poursuivit-il, Amma nous a dit que la purification de l'eau devrait être l'un de nos principaux projets, car dans le futur, il risque d'y avoir pénurie d'eau potable ! »

Sans eau, on ne peut pas survivre. Les anciens maîtres spirituels en étaient conscients. C'est pourquoi ils vénéraient l'eau au même titre que d'autres éléments naturels, les voyant tous comme des manifestations du Divin.

ōm śam nō mitraḥ śam varuṇaḥ
śam nō bhavatu aryamā
śam na indrō bṛhaspatiḥ

---

[2] Cinq devoirs sacrés à accomplir pour vivre en harmonie avec le monde, à savoir : Dēva yajña (le devoir envers Dieu), pitṛ yajña (le devoir envers la famille et les ancêtres), brahma yajña (le devoir envers la culture védique); manuṣya yajña (le devoir envers ses frères humains) et bhūta yajña (le devoir envers l'écosystème).

namaste vāyō

Ōm. Puisse Mitra (le dieu Soleil) nous être favorable.
Puisse Varuṇa (le dieu de la Pluie) nous être favorable,
Puissent les honorables Aryama (les ancêtres) nous être favorables
Puissent Indra (le roi des dieux) et Bṛhaspati (le guru des dieux) nous être favorables,
Salutations à Vāyu (le dieu du Vent).

Il y avait un sage peu bavard, nommé Vāmadēva. Il menait une existence paisible en semant des graines et en plantant de jeunes arbustes. Bien qu'âgé de 108 ans, il continuait à planter et à semer. Les gens, amusés, lui demandèrent, « Vénérable sieur, vous avez 108 ans. Vous ne vivrez jamais assez longtemps pour manger les pommes des arbres dont vous plantez les graines. Pourquoi gaspiller tout ce temps ? »

Le sage Vāmadēva sourit et répliqua : « J'ai mangé les fruits d'arbres plantés jadis par d'autres ; comme vous tous. Les graines que je sème deviendront des arbres qui porteront des fruits pour les générations futures ! »

Mesurant à ces mots sa sagesse et sa générosité, ceux qui l'écoutaient tombèrent à ses pieds. Lorsque le sage Vāmadēva fut sur le point de quitter son corps, ses dévots le supplièrent de leur léguer des enseignements. Dans sa compassion, le ṛṣi leur transmit 20 mantras, par la suite connus sous le nom de *Īśāvāsya Upaniṣad*, l'une des Upaniṣads dites majeures. Le premier de ces mantras est également le plus célèbre :

īśāvāsyam idam sarvam,
yat kiñca jagatyām jagat

Cet univers entier est imprégné de l'Être suprême.

Peut-être n'avons-nous pas encore atteint la vision du Divin qui imprègne tout. Néanmoins, prêtant attention à la sagesse des maîtres spirituels, révérons Mère Nature et accomplissons notre devoir envers elle.

En contemplant le jacquier toujours vert, je ressentis plus profondément que jamais de tout ce qu'Amma m'avait donné, en particulier au travers de ses enseignements immortels. Il est impossible de s'acquitter de sa dette envers le guru. Quoi qu'il en soit, j'ai tenté de partager au long de ces pages un peu de la sagesse que j'ai glanée à ses pieds. Je prie pour que, avec sa grâce, ces humbles paroles inspirent dans vos cœurs la dévotion envers Dieu.

Glossaire

ācārya Enseignant religieux.

adharma Absence de droiture et de vertu. Déviance par rapport à l'harmonie naturelle.

Ādi Śankarācārya Saint supposé avoir vécu entre le huitième et le neuvième siècle de notre ère, révéré comme un guru et principal propagateur de la philosophie de l'Advaita (non-dualité).

Ādiparāśaktī Pouvoir primordial suprême, personnifié par la Mère divine.

Advaita Philosophie non-dualiste qui affirme que le jiva (l'âme individuelle) et jagat (l'univers) ne font qu'un avec Brahman, la Réalité suprême.

Agni Dieu du feu et déité de la parole.

Akbar Empereur de la dynastie Moghole, qui régna sur l'Inde de 1556 à 1605 apr. J.C.

Amala Bhāratam Campagne 'pour une Inde Propre' lancée par Amma à l'occasion de son 57ème anniversaire (le 27 septembre 2010).

Amma Mot malayalam pour 'mère'.

amṛta Nectar d'immortalité.

Amṛtapuri Siège international du Mātā Amṛtānandamayī Maṭh, implanté sur le lieu de naissance d'Amma en Inde, à Parayakkaḍavu, Kollam, Kérala.

Amṛtēśvarī Déesse de l'Immortalité.

ārati Rituel honorant une déité, marquant généralement la fin d'une cérémonie d'adoration, et consistant à décrire des cercles avec la flamme du camphre, dans le sens des aiguilles d'une montre.

arcana Récitation d'une litanie de nom divins.

Arjuna Troisième des frères Pāṇḍava et proche compagnon de Kṛṣṇa.

āsana Un siège, ou souvent un simple morceau de tissu, sur lequel un chercheur spirituel médite ou accomplit d'autres pratiques spirituelles ; une posture spécifique d'haṭha yōga.

asat Non-réalité, au sens, non pas où celle-ci n'existerait pas, mais où elle n'a pas de réalité permanente ni durable ; formes changeantes.

āśram Monastère. Amma le définit comme une combinaison de 'a' – 'cela' – et 'śramam'—'effort' (vers la Réalisation du Soi) ; également l'une des quatre étapes traditionnelles de la vie humaine, à savoir. brahmacārya (la vie d'étudiant célibataire), gārhasthya (la vie de famille), vānaprastha (existence isolée dans la forêt) et sanyāsa (vie de renoncement monastique)

Aṣṭavakra Un sage des temps anciens, supposé être né avec un corps atteint de huit (aṣṭa) difformités (vakra). Il fut le guru à la fois du roi Janaka et du sage Yājñavalkya.

Aṣṭōttaram Litanie des 108 attributs.

ātmā Soi ou Âme.

aum/ōm Son primordial de l'univers; la graine de la création ; le son cosmique, que l'on peut entendre en profonde méditation ; le mantra sacré, enseigné dans les Upaniṣads, qui signifie Brahman, la source divine de l'existence. Dans la méditation Mā-Ōm enseignée par Amma, le son qu'il convient de synchroniser avec chaque expiration au stade initial de la méditation (avant que le son ne se dissolve dans le souffle).

avadhūta Une personne éveillée dont le comportement transcende les normes sociales.

avatār Incarnation divine.

avidyā Ignorance.

Ayōdhyā Cité ancienne de l'Inde, lieu de naissance de Rāma, où se déroule une partie du Rāmāyaṇa.

Ayyappa Déité hindoue, née de l'union de Śiva et de Mōhinī, une incarnation féminine de Viṣṇu.

Bhagavad Gītā Littéralement, « Chant du Seigneur » ; 18 chapitres composés de versets dans lesquels le Seigneur Kṛṣṇa conseille Arjuna. Il lui prodigue ces conseils sur le champ de bataille de Kurukṣētra, juste avant que les bons Pāṇḍavas ne combattent les mauvais Kauravas. C'est un guide pratique pour surmonter toute crise survenant dans la vie personnelle ou sociale, et l'essence de la sagesse védique.

Bhaja Gōvindam Littéralement, « Cherche Gōvinda », hymne dévotionnel célèbre datant du huitième siècle et composé par Ādi Śankarācārya.

bhajan Chant dévotionnel ou hymne de louange à Dieu.

bhakta Dévot.

bhakti Dévotion envers Dieu.

Bhāratapuzha Par ordre de longueur, le second fleuve du Kérala.

bhāva Humeur divine ; attitude.

bhāvanā Imagination, 'invocation à l'existence'.

Bhīṣma Personnage du Mahābhārata; fils du roi Śantanu, et grand-oncle à la fois des Pāṇḍavas et des Kauravas. Pendant la guerre du Mahābhārata, il combattit aux côtés des Kauravas.

bhukti Prospérité matérielle, terrestre.

Bīrbal Conseiller à la cour d'Akbar, il était célèbre pour son intelligence et sa sagesse.

Bōdhaka Guru Guru qui initie le disciple à un mantra.

Brahmā Dieu de la création dans la Trinité hindoue.

Brahma-lōka Le monde de Brahmā, le Créateur.

Brahmacārī Disciple célibataire de sexe masculin, qui pratique une discipline spirituelle sous la direction d'un guru. (Brahmacāriṇi en est l'équivalent féminin.)

Brahman Vérité ultime au-delà de tout attribut ; la Réalité suprême qui sous-tend toute vie ; la source divine de l'existence.

Brāhmane Prêtre ; un membre de la première des quatre castes héréditaires. Son devoir consiste à réciter les Vēdas, à diriger les rituels et à enseigner au reste du monde, par la parole et les actions, la véritable nature du dharma.

Brahmasthānam Littéralement, la 'demeure de Brahman', nom des temples consacrés par Amma en divers endroits de l'Inde, et à l'Ile Maurice. Le sanctuaire du temple abrite une idole au caractère unique du fait de ses quatre faces, lesquelles symbolisent l'unité des diverses formes divincs.

Buddha "Celui qui est éveillé", provient de 'budh' (connaître, s'éveiller) ; une référence au sage Gautama Buddha.

Cāngdēv Saint doté de pouvoirs mystiques qui vivait en Inde, à Vatēśvar, un village de l'état du Mahārāṣtra.

caitanya Conscience divine.

cakravyūham Formation militaire défensive de forme circulaire, mentionnée dans le Mahābhārata.

cintanam Réflexion.

Dakṣinamūrti Littéralement, 'Celui qui fait face au sud". Une manifestation du Seigneur Śiva en tant que Conscience suprême, entendement et connaissance, et en tant qu'enseignant du yoga, de la musique, de la sagesse et de la connaissance des Ecritures. Considéré comme le premier guru.

Dakṣinēśvar Emplacement du Temple Dakṣinēśvar à la déesse Kāḷī, près de Kōlkaṭa, au Bengale Occidental. Ce temple est célèbre, car Śrī Ramakṛṣṇa Paramahamsa y a vécu.

darśan Audience avec une personne sainte, ou vision du Divin.

Daśaratha Père de Rāma.

dēva Déité.

Dēvakī Mère de Kṛṣṇa.

Dēvī Déesse/Mère divine.

Dēvī Bhāva « Expérience divine de Dēvī, » état dans lequel Amma révèle son unité avec la Mère divine et le fait qu'elle Lui est identique.

dharma Littéralement, « Ce qui soutient la création ». Généralement utilisé pour faire référence à l'harmonie de l'univers, à un code de conduite droit et vertueux, au devoir sacré ou à la loi éternelle.

dhyāna Méditation.

dīpasthambham Haute structure verticale et étagée, placée devant les temples hindous et sur laquelle on allume des lampes à huile.

dōśa Crêpe indienne.

Drōṇa Egalement connu sous le nom de Drōṇācārya, il était le professeur à la fois des Pāṇḍavas et des Kauravas; un maître d'arts militaires.

Duryōdhana Aîné des 100 fils du roi Dhṛtarāṣṭra et de la reine Gāndhārī ; chef du clan des Kauravas et prétendant au trône d'Hastinapura.

Durgā Principale forme de la Déesse Mère dans l'Hindouisme.

Dvāraka Capitale du royaume que fonda Kṛṣṇa après avoir quitté Mathura.

Ēknāth Saint du 16ème siècle, érudit et poète de l'état du Maharāṣṭra, en Inde.

Embracing the World Réseau international d'organisations humanitaires régionales, inspirées par les initiatives humanitaires basées en Inde du Mata Amritanandamayi Math.

Garuḍa Aigle ; véhicule (vāhana) du Seigneur Viṣṇu.

Gāndhārī Épouse de Dhṛtarāṣṭra et mère des Kauravas.

Gangā Le fleuve Gange, considéré comme sacré par les Hindous.

Gaṇēśa Déité populaire du panthéon hindou, révérée comme celui qui élimine les obstacles, patron des arts et des sciences, et déité de l'intellect et de la sagesse. Egalement connu sous les noms de Gaṇapati et Vināyaka.

Gāyatrī Mantra védique invoquant Sāvitrī, une déité solaire.

Gōkul Village proche de Mathura, où Kṛṣṇa passa son enfance.

gōpa Vacher de Vṛndāvan.

gōpī Vachère de Vṛndāvan. Les gōpīs étaient réputées pour leur ardente dévotion envers le Seigneur Kṛṣṇa. Leur dévotion est l'exemple de l'amour de Dieu le plus brûlant.

guṇa Les trois types de qualités, à savoir satva, rajas et tamas. Les êtres humains expriment une combinaison de ces qualités. Les qualités satviques sont associées au calme et à la sagesse, rajas à l'activité et l'agitation, et tamas, à l'inertie et à l'apathie.

Guru Enseignant spirituel.

Guru Gītā Hymne (sous la forme de versets en Sānskṛt traditionnel) qui est un dialogue entre le Seigneur Śiva, le guru primordial, et la déesse Pārvatī, sa compagne et disciple. Dans ce dialogue, le Seigneur Śiva expose la nature du guru, le pouvoir de sa grâce, l'importance de la dévotion et du service au guru, et les moyens par lesquels le guru guide le disciple vers la connaissance du Soi.

Gurukula Littéralement, le clan (kula) du précepteur (guru) ; école traditionnelle où les étudiants vivaient auprès du guru pendant toute la durée de leurs études (une période d'environ 12 ans), durant lesquelles le guru leur inculquait la connaissance des Ecritures et des connaissances académiques, ainsi que des valeurs spirituelles.

Hanumān Un des principaux dévots de Rāma. Il mena l'armée des vānaras (singes) jusqu'à Lanka, et contribua à renverser le régime de Rāvaṇa.

harmonium Instrument indien à clavier, portatif.

haṭha yōga 'Yōga énergique.' Le Haṭha yōga est un système d'exercices physiques, respiratoires et mentaux visant à préparer le corps et l'esprit à la méditation.

hōma Rituel au cours duquel une offrande religieuse est faite au feu sacrificiel.

Īśvara-kṛpā Grâce divine.

Indra Roi des dēvas, dieu de la pluie et des orages.

iṣṭa-dēvatā Déité favorite.

Jagadambā Mère de l'univers.

Janaka Père de Sītā et roi de Mithila.

japa Répétition d'un mantra, également appelée mantra japa.

-ji Suffixe dénotant le respect.

jīva / jīvātmā Soi ou Âme individuelle.

jñāna Connaissance de la Vérité.

jñāna yōga Voie de la connaissance, dans lequel la connaissance de la nature intrinsèquement identique de Brahman et du Soi s'éveille sur la base de l'écoute (śravaṇa), de la réflexion (manana) et de la méditation (nididhyāsana) ; ce chemin est également connu sous le nom de jñāna mārga.

Jñānēśvar Saint, poète, philosophe et yōgī du 13ème siècle, de l'état indien du Maharāṣṭra.

jñānī Celui qui connaît la Vérité.

Kailāś « Demeure de la béatitude ». Le mont à quatre faces situé dans l'Himālaya, au Tibet Occidental ; demeure terrestre du Seigneur Śiva.

Kāka Bhuśuṇḍi Un sage ayant la forme physique d'un corbeau, considéré comme le premier narrateur du Rāmāyaṇa.

kaḷari Généralement, un centre d'entraînement aux arts martiaux ; le temple où Amma donnait autrefois les darśans du Kṛṣṇa Bhāva et du Dēvī Bhāva ; également, un temple honorant une déité familiale.

Kāḷī Déesse à l'aspect terrifiant ; elle a la peau noire, porte une guirlande composée de crânes et une autre, faite de mains humaines ; le pendant féminin de Kāla (le temps).

Kali Yuga Voir yuga.

kalpa Une journée du Seigneur Brahmā ; environ 4.32 billions d'années ; chaque kalpa est constitué de 1,000 mahāyugas, et chaque mahāyuga, de quatre yugas. Un kalpa couvre la période qui s'étend entre la création et la dissolution ; voir yuga.

Kamsa Oncle maternel de Kṛṣṇa qui renversa son propre père et usurpa le trône de Mathura.

karma Action ; Activité mentale, verbale ou physique.

karma yōga Le chemin de l'action dévouée, du service désintéressé, également connu sous le nom de karma mārga.

kīrtī Gloire divine.

kṛpā Grâce

Kṛṣṇa De kṛṣ, qui signifie « attirer à soi » ou « éliminer le pêché » ; principale incarnation du Seigneur Viṣṇu. Né au sein d'une famille royale, il fut élevé par des parents adoptifs et mena la vie d'un jeune vacher à Vṛndāvan, où Il était aimé et vénéré par tous Ses compagnons pleins de dévotion, les gōpīs et les gōpas. Kṛṣṇa fonda ultérieurement la cité de Dwāraka. Ami et conseiller de ses cousins, les Pāṇḍavas, et spécialement d'Arjuna ; il servit d'aurige à ce dernier pendant la guerre du Mahābhārata, et lui révéla ses enseignements dans la Bhagavad Gītā.

Kubēra Dieu des richesses.

kumkum Poudre de safran que les dévots appliquent sur leur front comme un signe religieux.

Kurukṣētra Champ de bataille où se déroula la guerre entre les Pāṇḍavas et les Kauravas ; également, une métaphore du conflit entre le bien et le mal.

Lakṣmaṇa Frère cadet de Rāma.

Lakṣmī Déesse de la richesse et de la prospérité, compagne de Viṣṇu.

līlā Jeu divin.

Mā « Mère » ; dans la méditation Mā-Ōm enseignée par Amma, Mā est le son synchronisé mentalement avec chaque inspiration lors des premières étapes de la méditation (avant que le son ne se dissolve dans le souffle).

Mahābali Un grand roi issu des démons ; par ātmanivēdanam (l'abandon de soi), il atteignit la réalisation de Dieu.

Mahābhārata Ancienne épopée indienne retranscrite par le sage Vyāsa, qui décrit la guerre entre les vertueux Pāṇḍavas et les Kauravas impies.

maharṣi Grand (mahā) 'ṛṣi.' Voir ṛṣi.

mahātmā Littéralement, « grande âme ». Utilisé pour désigner celui qui a atteint la réalisation spirituelle.

Malayāḷam Langue parlée dans l'état indien du Kérala.

mānasa pūja Cérémonie d'adoration pratiquée par visualisation.

mantra Un son, une syllabe, un ou plusieurs mots dotés d'un contenu spirituel. D'après les spécialistes des Védas, les mantras ont été révélés aux ṛṣis alors qu'ils étaient en profonde méditation.

Māyā Illusion cosmique, personnifiée sous les traits d'une tentatrice. Leurre ; Apparence, par contraste avec la Réalité ; la puissance créatrice du Seigneur.

Mīrābāī Mystique hindoue du 16ème siècle, dévote du Seigneur Kṛṣṇa.

mōn « Fils » en Malayāḷam.

mūrti Forme (divine).

Muruga Fils du Seigneur Śiva, dieu hindou de la guerre, et commandant en chef de l'armée des dēvas. Également connu sous les noms de Subrahmaṇya, Kārtikēya et Skanda.

mukti Libération spirituelle.

Nahuṣa Roi de la dynastie Aila qui obtint la souveraineté sur les trois mondes par ses sacrifices, ses austérités, son étude des Ecritures, sa maîtrise de soi et sa bravoure.

Nāmadēv Saint et poète indien (1270-1350 Apr. J.C.) du Mahārāṣtra.

nava-vidha-bhakti Neuf modes de dévotion, à savoir : śravaṇam (l'écoute de la gloire du Seigneur), kīrtanam (la récitation du nom de Dieu), smaraṇam (le souvenir de Dieu et de Son jeu divin), pādasēvanam (servir les pieds du Seigneur), arcanam (l'adoration du Seigneur), vandanam (prosternation devant le Seigneur), dāsyam (devenir un serviteur du Seigneur), sakhyam (devenir un ami du Seigneur) et ātmanivēdanam (l'abandon total au Seigneur).

ōm voir aum

Pāṇḍavas Les cinq fils du roi Pāṇḍu, cousins de Kṛṣṇa

Paramahamsa 'Cygne suprême' ; une épithète donnée aux saints ayant atteint un très haut niveau spirituel, grâce à leur discernement, c'est-à-dire à leur capacité de voir le Soi en toute forme. Paramahamsinī en est l'équivalent féminin.

Paramātmā Soi suprême.

Parāśaktī Pouvoir suprême.

Parīkṣit Petit-fils d'Arjuna. Après avoir commis un acte inconsidéré, il fut condamné à mourir d'une morsure de serpent. Il passa la dernière semaine de son existence à écouter les discours spirituels éclairants de Śuka.

prārabdha Les conséquences d'actions commises dans des vies précédentes, que la personne est destinée à expérimenter dans l'existence présente.

prasād Offrande ou don béni provenant d'un saint ou d'un temple, souvent sous la forme de nourriture.

prēyas L'agréable, qui détourne du bonheur spirituel, souvent opposé à śrēyas.

pūja Adoration rituelle ou cérémoniale.

purāṇa puruṣa Etre très ancien, cependant à jamais frais et neuf.

Purāṇas Récits populaires hindous contenant des enseignements sur l'éthique et la cosmologie relatifs aux dieux, aux êtres humains et au monde. Ces enseignements tournent autour de cinq thèmes : la création primordiale, la création secondaire, la généalogie, les cycles du temps et l'histoire. Il existe 18 Purāṇas majeurs, désignés comme Śaivite (centrés sur le Seigneur Śiva), Vaiṣṇavite (centrés sur le Seigneur Viṣṇu) ou Śakta (centrés sur Dēvī).

Pūrṇa Plein ou Entier / Plénitude spirituelle.

pūrṇakumbha Récipient rempli d'eau, habituellement offert pour accueillir le guru ; utilisé dans les rituels et également lorsque l'on reçoit des personnalités saintes.

Puruṣa 'Homme' en Malayāḷam ; Soi Suprême en Sānskṛt.

rākṣas Démon.

Rāma Le héros divin de l'épopée du Rāmāyaṇa. Incarnation du Seigneur Viṣṇu, considéré comme le représentant humain idéal du dharma et de la vertu. Ram signifie « se délecter » ; celui qui se réjouit intérieurement ; Principe de la joie intérieure ; également celui qui réjouit le cœur des autres.

Ramaṇa Maharṣi Maître spirituel éveillé (1879-1950) qui vécut à Tiruvaṇṇāmalai dans le Tamiḷ Nāḍu. Il recommanda l'introspection comme la voie vers la Libération, tout en approuvant différentes voies et pratiques spirituelles.

Rāmāyaṇa Poème épique de 24.000 vers sur la vie de Rāma et Son époque.

rāsa līlā « Danse d'amour divin » au cours de laquelle le Seigneur Kṛṣṇa dansa avec Radha et chacune des gōpīs.

Rāvaṇa Roi de Lanka, et principal antagoniste de Rāma dans le Rāmāyaṇa.

ṛṣi Voyant, prophète, à qui les mantras furent révélés en profonde méditation.

rūpam Forme.

Śabarimala Temple situé sur les ghâts occidentaux du Kérala, dédié au Seigneur Ayyappa.

sādhana Régime ou pratique spirituelle, basée sur la discipline et la dévotion, qui mène au but suprême de la Réalisation du Soi.

sādhak Aspirant ou chercheur spirituel.

Sahasranāma Litanie sacrée des mille noms.

Śakti Pouvoir ; personnification de la Mère Universelle ; principe de pure énergie associée à Śiva, le principe de la conscience pure.

samādhi Littéralement, « cessation de tout mouvement mental » ; unité avec Dieu ; un état transcendantal dans lequel l'on perd tout sens d'identité individuelle ; union avec la Réalité absolue ; un état d'intense concentration dans lequel la conscience est complètement unifiée.

Śamīka Sage qui était absorbé dans une méditation si profonde qu'il ne réagit pas lorsque le roi Parīkṣit lui demanda de l'eau. Le roi plaça alors un serpent mort autour du cou de Śamīka. Pour punir le roi de son insolence, le fils du sage lança sur lui une malédiction.

samsāra Cycle des naissances et des morts ; le monde des flux éternels ; la roue de la naissance, de la dégradation, de la mort et de la renaissance.

samskāra L'ensemble des traits d'une personnalité, acquis suite au conditionnement de nombreuses vies. Peut également être interprété comme le niveau personnel de pureté intérieure ou de moralité d'un individu ; également, rituel marquant une étape importante de la vie.

Sanātana Dharma Littéralement, « Religion Eternelle » ou « Le mode de vie éternel », le nom originel et traditionnel de l'Hindouisme.

sangha Communauté spirituelle.

sankalpa Résolution divine, habituellement associée aux mahātmās.

śānti Paix spirituelle.

sanyāsa Vœu officiel de renoncement.

sanyāsī Un moine ayant fait vœu officiel de renoncement (sanyāsa) ; Il porte traditionnellement une robe de couleur ocre, représentant la destruction de tous les désirs par le feu de la connaissance. L'équivalent féminin est sanyāsinī.

śāstra Science ; dans le contexte de ce livre, textes scripturaires faisant autorité.

Sat Principe éternel et immuable.

Satguru Littéralement, « véritable maître ». Celui qui, tout en continuant à expérimenter la béatitude du Soi, choisit de descendre au niveau des gens ordinaires afin de les aider à grandir spirituellement.

satsang Etat de communion avec la Vérité suprême. Egalement, être en compagnie de mahātmās, étudier les Écritures, écouter un discours ou une discussion portant sur la spiritualité, et participer en groupe à des pratiques spirituelles.

satva Voir guṇa

sēva Service désintéressé dont les résultats sont dédiés à Dieu.

siddha Ascète ayant atteint l'éveil spirituel.

siddhi Pouvoir occulte ou miraculeux.

Sītā La sainte compagne de Rāma. En Inde, elle est considérée comme l'archétype de la féminité.

Śiva Vénéré comme le premier et le principal guru de la lignée des gurus, et comme le substrat sans forme de l'univers en relation avec Śakti. Il est le dieu de la destruction dans la trinité formée par Brahmā (dieu de la Création), Viṣṇu (dieu de la préservation), et Mahēśvara (Śiva).

śraddhā Attention, foi.

śravaṇam Ecouter les louanges à la gloire de Dieu (voir nava-vidha-bhakti); différent de śravaṇa dans le jñāna yōga.

śrēyas Le bien, qui mène au bien-être spirituel d'une personne, souvent opposé à prēyas.

Śrī Un titre marquant le respect, signifiant à l'origine divin, saint ou propice ; dans l'Inde moderne actuelle, simple forme de respect comparable à « Monsieur ».

Śrī Lalitā Sahasranāma Litanie sacrée des 1000 noms de Śrī Lalitā Dēvī, la Déesse suprême.

Śrīmad Bhāgavatam Egalement connu sous le nom de Bhāgavatam ou Bhāgavata Purāṇa (Récits sacrés des prouesses du Seigneur), l'un des textes purāṇiques de l'hindouïsme. Contient l'histoire des incarnations de Viṣṇu, dont la vie de Kṛṣṇa et Ses jeux divins.

Śrī Rāmakṛṣṇa Paramahamsa Maître spirituel du 19ème siècle qui vécut au Bengale Occidental, célébré comme l'apôtre de l'harmonie religieuse. Il généra une renaissance spirituelle qui touche encore des millions de personnes.

sudarśana cakra Arme tournoyante en forme de disque ; associée au Seigneur Viṣṇu.

Sudhāmaṇī Littéralement « Joyau d'immortalité », le nom donné à Amma par ses parents.

Śukadēv Fils de Vyāsa et narrateur principal du Bhāgavatam.

sūtra Epigramme contenant une sagesse spirituelle.

svarūpam Nature fondamentale.

swāmi Titre de celui qui a fait vœu de sanyāsa.

Swāmi Vivēkānanda Principal disciple monastique de Śrī Rāmakṛṣṇa Paramahamsa.

Śyāmsundar Littéralement, « sombre et beau », un des noms du Seigneur Kṛṣṇa.

tabla Instrument à percussion (tambour) utilisé dans la musique indienne.

tapas Austérités, pénitence.

tēnga Noix de coco, souvent présentée en offrande au pied des sanctuaires des temples hindous.

tēngal Désir ardent.

tīrtham Eau sacrée, souvent associée à un temple ou à une déité.

triguṇas Voir guṇa.

Tulsīdās Poète, saint et philosophe du 16ème siècle, célèbre pour avoir écrit le Rāmcaritmanas, une traduction en hindi du Rāmāyaṇa sānskṛt

upadēśa Conseil spirituel.

Upaniṣad Les parties des Védas qui traitent de la connaissance du Soi.

vāhana Véhicule ou monture ; souvent associé à une déité.

Vaḷḷikkāvu Village situé de l'autre côté de la lagune, en face de la rive est de la péninsule où se trouve l'aśram d'Amṛtapuri. Amma est parfois appelée Vaḷḷikkāvu Amma, la Mère de Vaḷḷikkāvu.

Vāmana Jeune brahmane ayant le corps d'un nain, une incarnation du Seigneur Viṣṇu. Il donne une leçon d'humilité au roi Mahābali, alors que ce dernier dirige un rite sacrificiel. Vāmana demande au roi de lui octroyer trois pas de terre de son royaume. Vāmana grandit et couvre en deux enjambées la terre, le ciel, et les enfers. Pour effectuer son troisième pas, il pose son pied sur la tête de

Mahābali (qui la lui offre) et pousse ainsi le roi dans les mondes inférieurs. En réalité, Il lui accorde la libération, ayant anéanti son ego.

vānara Singe ; dans le Rāmāyaṇa, la vānara sēna (armée des singes), menée par Hanumān, aide le Seigneur Rāma à sauver Sītā.

vāsanā Tendance latente ou désir subtil qui se manifeste en tant que pensée, motivation et action ; impression au niveau du subconscient, acquise au travers d'expériences passées.

Vasiṣṭha Grand sage et guru de Rāma.

Vasudēva Père de Kṛṣṇa.

Vāyu Dieu du vent, et déité qui préside au sens du toucher.

Vēdānta « La fin des Vēdas ». Cela fait référence aux Upaniṣads, qui traitent de Brahman, la Vérité suprême, et du chemin menant à la réalisation de cette Vérité.

Vēdas Les Védas sont les plus anciennes de toutes les Écritures, issues directement de Dieu ; ils ne furent pas produits par un écrivain humain mais révélés aux anciens ṛṣis alors qu'ils étaient en profonde méditation. Ces révélations empreintes de sagesse, connues par la suite sous le nom de Védas, sont au nombre de quatre : Ṛg, Yajus, Sāma et Atharva.

Védique Provenant des Védas ou se rapportant à celles-ci.

vidyā Connaissance.

Viṣṇu Dieu de la préservation dans la Trinité hindoue.

Viśōbā Khēcar Saint du Mahārāṣṭra et guru de Nāmadēv.

Vṛndāvan Ville du district de Mathura, en Inde, où le Seigneur Kṛṣṇa passa son enfance.

Vyāsa Père de Śuka, compilateur des Vēdas, et auteur des Purāṇas, des Brahmasūtras, du Mahābhārata et du Śrīmad Bhāgavatam.

yajña Rituel védique pratiqué devant un feu sacré.

Yama Dieu de la mort.

Yaśodā Nourrice, mère adoptive de Kṛṣṇa.

yōga De yuj (samādhau), qui signifie « concentrer l'esprit » ; yuj (samyamanē), qui signifie « contrôler » et yujir (yōgē), qui signifie « unir ». Union avec l'Être suprême. Un terme à la vaste signification, qui fait également référence aux diverses pratiques grâce auxquelles on peut atteindre l'unité avec le Divin. Un chemin menant à la Réalisation du Soi.

yuga D'après la cosmogonie hindoue, l'univers (de l'origine à la dissolution) traverse un cycle composé de quatre Yugas ou âges. Le premier est le Kṛta Yuga (également connu sous le nom de Satya Yuga), durant lequel le dharma règne au sein de la société. Chacun des âges successifs voit le déclin progressif du dharma. Le second âge est le Trētā Yuga, le troisième, le Dvāpara Yuga, et le quatrième âge, correspondant ā l'époque actuelle, est connu sous le nom de Kali Yuga.

A propos de l'auteur

Swāmi Amṛtagītānanda Puri est l'un des plus anciens disciples monastiques d'Amma. C'est en 1986 qu'il est venu vivre à l'āśram d'Amṛtapuri en 1986 et en 1994 qu'il a reçu l'initiation à sanyās. Swāmi est versé dans les Écritures Hindouistes et l'un des ācāryas (qui enseigne les Écritures) d'Amṛtapuri. Il a écrit et composé certains des bhajans les plus connus de l'āśram. Il est actuellement le sanyāsī responsable de l'āśram d'Amma à Bangalore.

www.ingramcontent.com/pod-product-compliance
Lightning Source LLC
Chambersburg PA
CBHW071208090426
42736CB00014B/2748
* 9 7 8 1 6 8 0 3 7 7 4 3 9 *